京都造形芸術大学大学院SDI所長／教授
(株)ハーズ実験デザイン研究所代表取締役
村田智明

問題解決に効く

「行為のデザイン」思考法

CCCメディアハウス

問題解決に効く「行為のデザイン」思考法

「行為のデザイン」とは、
人の行動に着目し、
改善点を見つけてより良く、
新しい形を見つけていく
デザインマネジメントの新手法です。

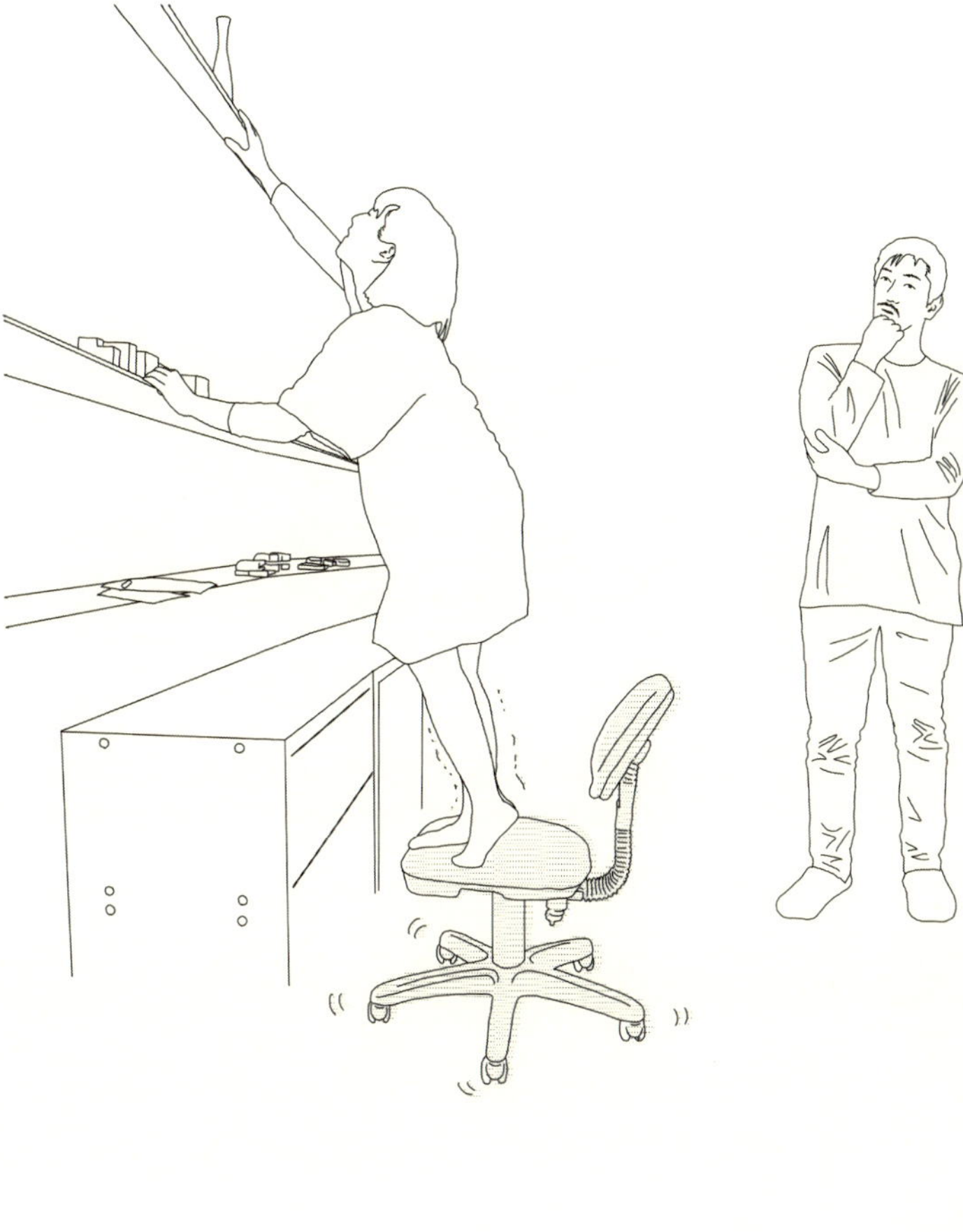

デザインというと、ビジュアルの美しさや色合いを連想するのではないでしょうか。たしかにトレンドに合った色や形が時代ごとにあり、デザイナーとは「流行のエッセンスを外観に取り入れる職種だ」と考える人は多いと思います。

だからといって「ビジュアルセンスや造形力さえあればデザインができる」と考えるとすれば、それは間違いです。

今求められているのは、単なるビジュアル領域の成果だけに限りません。プロダクトにはエンジニアが携わるようなプロトコル（手順）領域、色や形が作用する心理領域、経営や社会的つながりを考慮するソーシャル領域など、幅広い知識をもとにデザインが施されています。すでにデザインは、専門領域を学んだデザイナーだけのツールではないのです。

流行や情報に翻弄されることなく、人間本来の行動価値を見直していく時期にある今、私たちはもっと、複合的な知恵を結集しなければ解決できないところに差しかかっていると言えます。

言い換えると、造形能力をトレーニングしたデザイナーでなくても、誰でもデザインに深く関わることができるのです。そこで本書は、デザイナーのみならず広く開発に関わる人にもデザインの本質と開発手法を理解していただけるように構成しました。

世で求められているデザインを時間軸で辿っていくと、必ず三つのプロセスを経ます。それは、プランニング・可視化（ビジュアライズ）・告知（アドバタイジング）です。

どんなプロダクトやサービスでもこの三つ、まず「どんなユーザーが経験するのか」というプランニング、「どんなＵＩ（User Interface）とビジュアルにするか」の可視化、「こんなものを作った、今までにない体験を提供できる」と知らせる告知がセットとなっています。

もしプランニングでユーザー目線を取り入れなければとても使いにくいですし、美しい可視化がなければ訴求点が減ってしまいます。作っても誰にも告知しなければ、せっかくのプロダクトやサービスは知られないままです。デザインはこの三つが揃って完成するものであり、どれも重要な要素です。

いわゆるデザイナーがビジュアルを整える作業は二番目、三番目の可視化のことで、狭義の「デザイン」が指し示すのはこのプロセスです。センスや造形力が問われます。しかし狭義の可視化だけでは今求められている意味でのデザイン、幅広い領域をカバーしたデザインが完成しません。どの開発プロセスでも必ず三要素を意識したデザインマネジメントが必要です。

これまでのデザイン関連本では見た目の美しさを求める哲学や概念が多く語られてきました。しかし、私はもっとわかりやすい言葉を使って、デザイナーでなくても誰もが三要素を把握した本来のデザイン思考と、それを生かすマネジメントができると考えます。

その一つの到達点が「行為のデザイン」という手法であり、この本です。

本書の目標は二つあります。

❶ユーザー目線を徹底して発想する「行為のデザイン」という手法を紹介する

❷デザイナー以外の立場、たとえば商品開発に関わる開発者、技術職、営業職などでもデザインマネジメントを可能にする

デザイナーだけが考えるデザインは時代遅れです。「行為のデザイン」のステップを踏まえれば、関係者それぞれに内在している経験に基づく課題やアイデアを発掘でき、同時に共有できる開発方法を体験してもらうことができると確信しています。

■　「行為のデザイン」という発想

私が提唱している「行為のデザイン」とは、人の行動に着目し、改善点を見つけてより良く、美しくしていこうとする手法です。ユーザーが滑らかに目的の行為を進められるデザインを「良いデザイン」と定義し、最終目標とします。

私はプロダクトデザイナーですが、モノだけを見ているわけではなく、モノを取り巻く環境や関わる人の行動に注目しています。利用行動が自然であるほどモノが場になじみ、長く存在できると考えているからです。これが「行為のデザイン」の基点です。

私が「行為のデザイン」の重要性に気づいたのは、ある企業の開発プロジェクトに参加したときでした。すでに販売されていたプロダクトがあり、改善を施すために私たちデザインチームに依頼があったのです。

さっそくデザインを改善する前に参考にしようと、ユーザーがプロダクトを使っている場面を見に行きました。すると、そのプロダクトは必ず自分の体のサイズに合わせて設定を変えなければいけないものなのに、まったく考慮されずに使われていました。

企業の担当者に「個々で設定を変えなければいけないのでは」と確認すると「取扱説明書に明記してあるので大丈夫」とのこと。しかし現場では説明書もなく、誰も設定の違いを気に留めていません。設定が合っていないと、そのプロダクト本来の性能が正しく発揮できないにもかかわらずです。

そのとき、私はユーザーに正しく使ってもらう方法が二つあると気づきました。一つはプロダクトを基準にして説明書をもっと詳しく書き、見やすいところに提示すること。もう一つはユーザーの行動や心理を基準にしてプロダクトの形を変えることです。

これまでなら説明書を改善するほうを選んでいたかもしれません。しかしそのとき私はプロダクトの形状を大きく変えてみることにしました。「企業がつけたい機能」をつける形ではなく「ユーザーの行為」から形を作れば、説明書がなくても正しい使い方を導ける可能性を感じたからです。

説明書は一見親切ですが、本質を見れば不親切です。なぜならユーザーは操作のためにまず言葉というメディアを体験しなければならず、ユーザーが本来求めている行為以外で時間を費やさなければいけないからです。

このハードルの高さが一律で皆に課せられているというのは取扱説明書の盲点だと感じました。ここでデザイナーとしてしなければいけないのは説明書の拡充ではなく、必要な手順を「体験から理解させていく」プロダクト設計です。

すでに広がっている、モノ同士が接続していくＩｏＴ（Internet of Things）の観点でも、経験から手順や役割を理解させる方法がより一般的になるはずです。

ユーザーの行為を見直した結果、完成したのは、同業他社のプロダクトとはまったく形状が異なる画期的な仕組みを持つプロダクトでした。ユーザーがどんな行動をしたいのか、どうすれば心地よく使えるかを徹底的に洗い出して、形や機能、ＵＩに反映させたのです。従来のように「スタイリッシュにしたい」「業界の常識に合わせたい」という欲求を優先させていたら、おそらく生まれなかったでしょう。発売から十年以上経ちますが、使いやすさと正確さが評価され世界中でヒットした代表作になっています。

「そうか、何気ないユーザーの行為に沿ったデザインを考えればいい」

このときに掴んだメソッドを他のソリューションにも応用しようとしたのが「行為のデザイン」を確立させたきっかけです。

すでに多くの大学や企業で講義と実践が行われています。

多摩美術大学では四年間「日常の中の行為のデザイン」を講義、同じように長岡造形大学、神戸芸術工科大学、九州大学や東京大学でも講義を行いました。現在は私が教授を務めている京都造形芸術大学で研究を続けています。

企業でも数十社の開発プロジェクトを通じて「行為のデザイン」のワークショップを行い、さまざまなプロダクトに昇華させて開発実績を挙げています。医療分野、工業技術分野、家電や文房具、飲食サービス業など、応用できる範囲は多岐にわたります。

何気ないユーザーの行為を徹底的に考え、発想し、良いデザインに変えていく。そのときにどんな順序で思考し、具現化していくのかをこの本で述べています。

■「世の中にないもの」を作るのは想像の力

「行為のデザイン」では観察や分析よりも重視していることがあります。

それは人の想像力です。

たとえばアップル社のｉＰｈｏｎｅはユーザーの観察や調査分析から生まれた製品というより、あらゆる分野の専門家が人間行動心理を突き詰めた末に生み出した、新しい形の電話でした。当時タッチパネル技術はすでにあったものの、「押した感じがしない」「反応のリアクションがいまひとつ」など、操作性に不満が多かったのですが、これを採用したアップル社には驚かされました。ところが使ってみるとそうしたデメリットを感じさせないほどスムーズです。しかも「したい」という欲求に直感的に応えるＵＩがモノへの没入感まで作り出しました。

おそらく、当時の携帯電話ユーザーにいくら調査をしてみても「iPhoneのような端末がほしい」とは誰も答えられなかったはずです。ユーザーの心理や手順、学習性を熟考した開発者の想像力の賜物といえるでしょう。

これらの仕組みは想像や発想から形になったものです。私たち開発者も同じように、日常のたくさんの体験からモノと人の関係性をストックし、むしろ机上で想像し、誰も見たことがない創造へつなげなければいけません。その先で初めて「世の中になかったもの」が生まれるのです。

■ 企業内の開発スピードを上げるワークショップ

「行為のデザイン」は、この「世の中になかったもの」を作り出すメソッドです。そのために発想を働かせることができる場を必ず設けます。それは開発プロジェクト中に何回か開かれるワークショップです。

本書では、この開発に欠かせないワークショップについて手順を詳しく載せました。ワークショップは発想の場であると同時に、他にも大事な役割があるからです。

企画開発を経験した方なら、デザインが決まるまでの社内調整の大変さはよくご存じのことと思います。技術系とデザイン系のセクションが協議してあるデザインを決めても、営業や生産管理、ときには幹部から新しい意見が出てスタート地点に戻ってしまう。この後戻りはコストや工程に響いてとても効率的とはいえません。

実は「行為のデザイン」を行うと、こんな問題は非常に起こりにくくなります。なぜなら、ワークショップでは社内のさまざまなセクションから参加者を募り、全員の経験や知恵を結集させるからです。企画技術、デザイン、営業、生産、社長を含めた幹部など、各ステークホルダーを一堂に集めて思い思いの意見を出してもらいます。

ここで行うのは、それぞれの視点から見たプロダクトの情報共有と現状把握です。15ページの図2がメリットを端的に表しています。これまでは直線で各部門がつながり、あとになって下流からひっくり返ることがありました（図1）。しかし企画段階からワークショップで顔を合わせて一緒にバグや改善点を見ていくと、その場で情報が参加者全員に行きわたるので、後工程でのトラブルが格段に減るのです。

たとえば営業が要求したある改善は、技術から見たら難しいことかもしれません。でも条件を変えれば実現できそうな場合、ワークショップという場が設けられているとデザインが確定する前に当事者同士で十分なすり合わせができるのです。これはコストカットや工程短縮に大きく貢献し、開発スピードが上がります。「行為のデザイン」におけるワークショップは、基本デザインをスムーズに決めるための仕掛けでもあるのです。

企画・設計・生産までが一貫した情報を共有できる、なおかつ開発のエンジニアリングと生産のサプライチェーンまでが同じシミュレーションを共有できる、という環境は、効率的な生産や先ほど述べたIoTなど、新しいモノづくりに対応しやすくなります。

生産管理を研究する工学博士の中村昌弘氏は、同様のプロセスを「シミュレーション統合生産」と位置づけてプログラム化を提言しています。幅広く信頼性の高いシミュレーションが検証できれば、不成功を未然に防ぐことができるからです。

「行為のデザイン」はこの考え方に加えて、ビジュアルデザインにおいて、デザインの3D化と3Dプリンターでの出力と試作UIの認知シミュレーションを行うことで、失敗が減ると考えます。

図1 プロジェクトの後戻りリスク

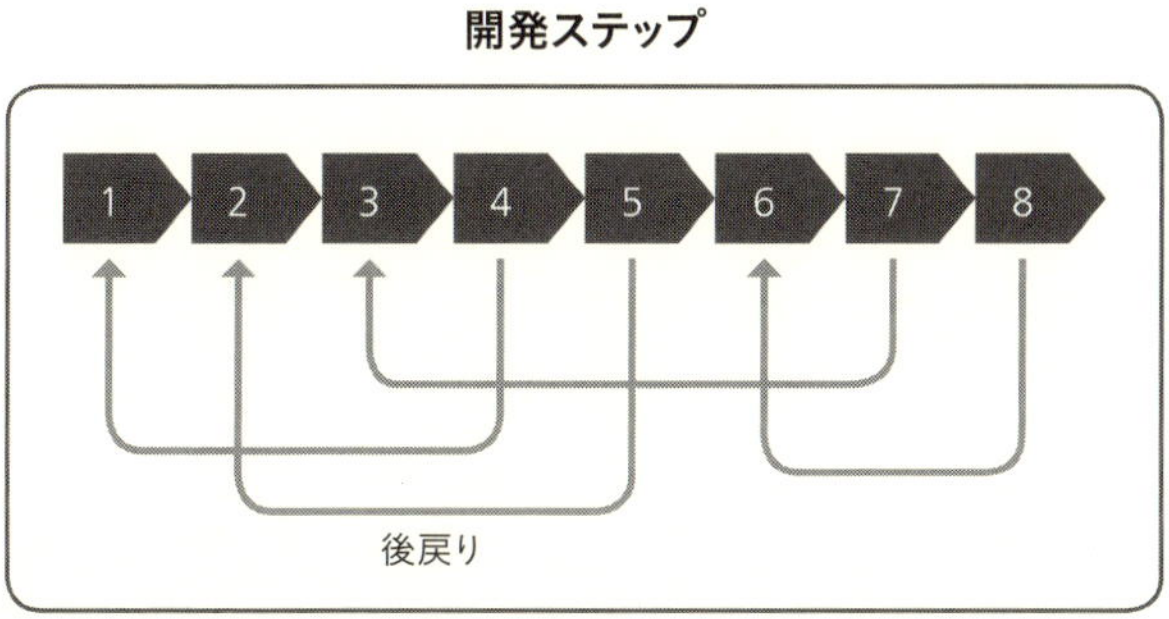

図2 円卓型（協働型）の商品開発

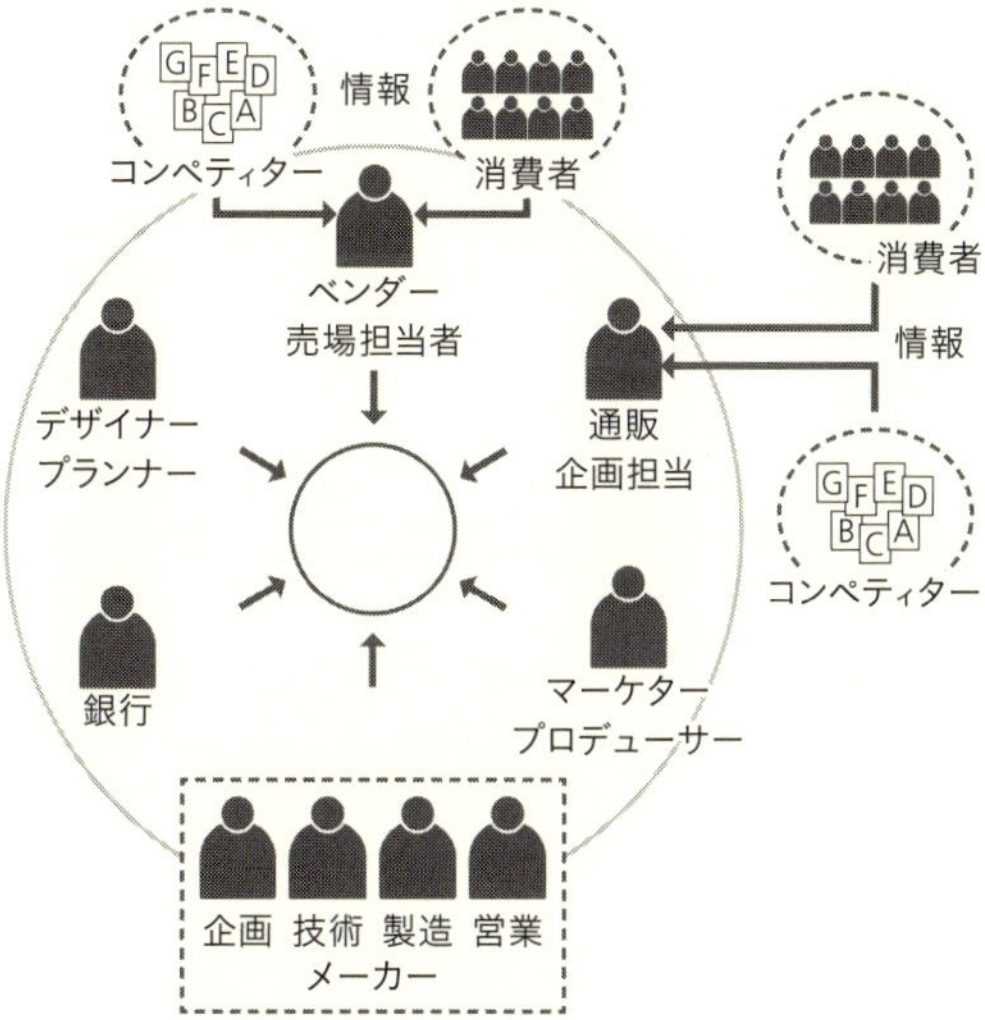

■あらゆる物事を俯瞰できると、生き方が変わる

「行為のデザイン」という手法が身につけば、自分を取り巻く人やモノ、情報が今までと違って見えてくるはずです。なぜなら、人のすべての行為には理由があり、その相関関係を自ら発見できるようになるからです。たとえば、「美しい徳利のデザイン」ではなく「美しい注ぎ方をデザインする」という発想の転換ができるようになれば、さまざまなシーンで新しい見方を提供し、日常がまったく違って見えてきます。モノだけを注視するのではなく、モノや自分や環境すべてのインタラクション（作用と影響）を俯瞰できるのです。

宮本武蔵も兵法を説いた『五輪書』で俯瞰の大切さをこう述べています。

目の付けやうは、大きに広く付くる目也。観見二つの事、観の目つよく、見の目よわく、遠き所を近く見、近き所を遠く見る事、兵法の専也。

つまり、武蔵は二つの目を持てといいます。一つは部分を注視する「見る目」、もう一

つは本質や状況を把握する「観る目」です。剣先などの一点に注視すると光や風、砂埃、横からの刺客などが観えなくなることを諭しているのです。この文脈を考えると、武蔵は近いところを見るときも鳥瞰のように全体を「観ていた」のではないかと思われます。「行為のデザイン」も同じです。モノだけを注視するのではなく、モノの周り、自分、環境のすべての相互作用を俯瞰し、状況の本質を「観る」体験を重ねるものです。

私自身、「行為のデザイン」を実践して思考が広がり、あらゆる場面で「美しさを引き出す要素」が点在していると感じられるようになりました。もちろん日々のデザインワークにもこれらの発見が生かされています。

皆さんもこの本を読み終えたとき、新しい発想と想像の力、状況を俯瞰する力を感じていただければと思います。

著者

問題解決に効く「行為のデザイン」思考法　目次

第2章 バグの種類とその解決法

第3章 デザイン化＝「可視化」のプロセス

第4章 行為を誘導する「アフォーダンスデザイン」

第5章 行為のデザイン・ワークショップ（S・S・FB法）の開き方

行為のデザインは、
開発力を加速させる

第 1 章

第1節

究極の理想は、立ち止まらないデザイン

デザイナーである私のもとに来る仕事は、昔に比べて変わりつつあります。以前ならほぼ形が決まっているものを差し出されて「このプロダクトのデザインをしてください」という依頼ばかりでした。デザイナーは外観を整えてスタイリッシュに見せたり、色のバリエーションを考えていたものです。しかし今は外観だけに限らず、プロダクトのコンセプトや機能に関わるところまで依頼されることがほとんどです。

すでに単なる形や色など見た目のデザイン要素だけがプロダクトの売れ行きを左右する

時代は終わっています。もっと本質的な要素を含み、プロダクト一つに企業のスタンスまで表現させたもの、整った外観だけで終わらないものが求められています。多くの企業がこの事実に気づき始めて開発手法を見直すようになりました。

私が提唱している「行為のデザイン」は、そんな新しいニーズに応えられる効果的な開発メソッドです。

「行為のデザイン」とは、対象をモノだけに絞らず、人や情報、環境を含んだ中で「行為がスムーズに美しく振る舞われるためにどうあるべきか」を考えるデザインです。だからまずユーザーが目的を達するための動き・行為に着目します。もし利用中に動きが止まるのであれば、それは利用法がわからないとか、いったんやめて戻らなければいけないなど、プロダクトに「バグ」があるということです。

使う途中で不都合や不便を感じるプロダクトは、口コミ評価をインターネットで検索できるこの時代では生き残ることは難しいでしょう。しかし「行為のデザイン」を経ればプロダクトを開発する段階でそれらユーザーの行為を止める「バグ」を事前に発見し、解消することができるのです。

たとえば、会議室のような広い部屋の照明をつけようとして、スイッチで迷ったことはありませんか。壁に六つや八つのスイッチがあり、ユーザーは天井の照明と対応しているのだろうと想像できても、どっち側がどの照明と対応しているのかわかりません。「前をつけて」と言われたのに後ろをつけてしまったり、残したい照明を消してしまうような失敗は皆さんにも心当たりがあるはずです。

このときのユーザーの行為は、あたふたして照明とスイッチを見比べ、いくつか間違えながら照明をつけたり消したり、周囲の人に謝ったりする、あまり美しくない所作になっています。

この状況の原因は、認識のしにくさです。建築の用語では天井の方向を天伏《てんぷせ》といい、壁の方向を立面といいます。ユーザー目線で考えると、これは立面にある照明スイッチに天伏の情報が九〇度角度を変えて移動しているので混乱を招くのです。仮にスイッチに番号が振ってあったとしても情報の角度が変わるだけで大幅に認識しづらくなります。

このときデザインが担うべきは美しいスイッチ盤やつまみの色ではありません。情報をどう見せるとユーザーが行動を止めずにすむか、美しく振る舞えるのかを考える「行為そののものデザイン」です。

もしこのスイッチ盤が垂直な壁面ではなく水平に近い角度で設置されていたら、ユーザーは照明の位置を天井に置き換えてもっと連想しやすくなります。また、壁面にあったとしてもデザインで窓側とドアの位置などがわかるアイコンや線で囲んであれば、照明とスイッチの位置を対応させやすくなります。

つけたい照明がすぐわかるスイッチ盤があれば、ユーザーは「照明をつける」という行為を美しくスムーズに行うことができ、ここでやっと「良いデザインを施した」といえるのです。

今までのデザインでは「このパネルが美しい」「スイッチがきれいだ」という点が重視されていましたが、私の着眼点はまったく違うところにあります。

私たちはパソコンを使っているときマウスやキーボードを意識せずに画面を注視しています。たしかに操作しているのですが、スムーズな行為が行われているうちは気づかないものです。しかし、いったん入力できなくなる事態が起こると、行為が止まってマウスやキーボードの存在に意識が戻ります。リカバーのためにキーに注目し、試す、失敗する、やり直すなどの苦痛を味わいます。目的以外のことに時間を取られてしまうのです。

スイッチの例でも同じです。不親切なデザインはユーザーの時間を奪ってしまいます。最終的には、使う人のスムーズな行為を誘発し、さらに造形自体が主張しすぎない美しいプロダクトが理想なのです。

常に理想形の開発を可能にするためには、ユーザーがなぜその行為をしたくなるのか、どうして止まってしまうのか、「バグの理由」の事前検証が必要です。検証するプロセスとして上流での工程（プレデザイン）が不可欠になります。つまり、従来のような工程の下流で初めてデザインが論じられるような開発手法では、もはやユーザーの心に響く体験を与えられないのです。

■足りないのは時間軸でたどる視点

止まっていようと動いていようと、行為には必ず時間がともないます。「行為は時間」だと思ってもよいほどです。

行為のその先には目的があり、目的を果たすために私たちはさまざまな手段を講じています。「言われたことを忘れない」という目的があれば、スマホのスケジュールに書き込む、あるいは手帳にペンで書き込むなど異なった手段が存在し、どちらも目的を達成することができます。その際にユーザーは何かにつまずいたり迷ったり、達成して喜んだりします。

もし混乱して振り出しに戻るようでは、その行為は美しくありません。また、行為の停止があると目的を果たせず、ユーザーにとっては時間の浪費です。できるだけ避けたい事態なのです。プロダクトやＵＩをデザインする場合、そんなユーザーの時間軸を考慮してデザインに組み込む必要があります。

私たちはモノを買うとき、棚に置かれている状態だけで良し悪しを判断することが多いかと思います。

たとえばお店で見つけたソファが格好よくて買ったけれど、自分の部屋に置いたら全然合わなかったという経験はありませんか。それはプロにライティングされ、コーディネートされた空間の中で、止まっていたプロダクトを見て判断したからです。その瞬間は美しく価値がありましたが、自分が実際に生活する場ではマッチせず、価値が発揮されなかったといえます。これはモノを止まっている姿・瞬間だけで捉えた結果です。自分の普段の行為の中でモノを動かしてみる、つまりシミュレーションしてみる想像力があれば、防げるはずのものです。

実は、私たちはプロダクトを開発するときも同じ失敗をしています。つい、使っていない状態の造形美や、店頭で並んだときの見栄えや他社商品との差異を気にしていないでしょうか。本当はユーザーが手段としてプロダクトを利用するときの反応こそ重要なはずなのに、それは次候補になっているのです。

どんなプロダクトでもユーザーが利用する際はどこかに運ばれたり、何かを開け閉めするなど、実際の利用シーンに合わせて目的に達するための行為と時間が発生します。いくら置かれた姿が美しくても、この時間軸の流れを無視したものには「美しくない要素」が含まれてしまいます。

「行為のデザイン」では必ずユーザーの時間軸を考えます。なぜその行為に及ぶのか、目的は何か、一つ一つていねいに確認すると、あるべきプロダクトの姿が見えてくるからです。

特に、医療機器は時間軸で考えなければいけない代表的なプロダクトです。

医療機器の主なユーザーは医師ではなく看護師です。今はどこも人手不足で、夜勤比率が高まるなど看護師への負担が増えています。そんなヘビーな働き方をしているところへ不慣れな新しい機械がポンと来て、苦しんでいる目の前の患者に使わなければいけなくなったらどうでしょう。

そのとき「取扱説明書を読めばわかる」というのはメーカーの怠慢です。看護師の行為の流れと目的を考え抜き、プロダクトの形状やUIで連想を生み、正しい使い方が確認できるよう、直感的なデザインをするのが本来のあり方ではないでしょうか。

また、エラー表示も不親切なものがたくさんあります。「E03」と出たので取扱説明書を探して、ページを繰ると「電池が入っていません」と書いてある。こんな非効率なことはありません。

いったん暗号に置き換えて説明書で解読させるような流れは明らかに「バグ」です。エンジニアとデザイナーの領域が分かれた結果、誰もエラーに遭遇したユーザーのことを考えないままプロダクトになってしまった悪例です。企業がどれだけユーザーに寄り添っているのかを測る、一つの物差しともなるでしょう。

万が一、機械が止まってしまっても、その原因がすぐにわかる表示ができればユーザーの行為は止まることなく、スムーズに目的に辿り着けます。エンジニアやデザイナーはそんな事態をも予想してシステム設計し、形に組み込むべきなのです。

これらの例を考えると、従来のビジュアルを整えるだけの「狭義のデザイン」ではデザイナーの仕事が完遂できないことがわかると思います。「行為のデザイン」はもっとユーザーの行為に注目し、重要なファクターとして扱います。

これまで述べてきた「バグ」を解消するには、デザインの段階でユーザーの時間軸を考える視点が不可欠です。ただそこにあって飾られるモノではなく、どう使われるのか、何のために使われるのか、モノを取り巻くすべてのインタラクション（作用と影響）まで考えなければいけません。

ユーザーが間違えやすいスイッチや行動があるなら、形状で解決できるかもしれません。ある機能はピクトグラム（アイコン）を変えるだけで一気に認識しやすくなるかもしれません。究極は、私たちが使っているモノを意識しないくらいバグを取り払い、行為のシームレス感（ひと続き感）、いわば「行為の切れ目のないシームレス感」を生み出すことだと考えています。

■究極は「道」、作法が文化に

時間軸に沿って流れる美しい行為には、理想的な手本がたくさんあります。それは「道」がつく日本の文化です。

たとえば茶道には細かく規定された動きがありますが、どれも立ち居振る舞いと目的が噛み合い、誰もが「美しい振る舞い」を永久に再現できるようにするため、作法にまで昇華しています。

茶の湯の目的とは、客人をもてなしておいしく茶を供することです。客人との縁を感謝し、瞬間のために尽くします。そのために使う道具や置く位置が定められ、手にするときも持ち方や順番があります。客に合わせて掛け軸や生け花を変え、動きとしつらえのすべてがもてなしの興となっています。これは時間とともに積み上げられてきた美学といってよいでしょう。

華道、柔道、弓道、香道にも同じように作法があります。共通しているのは、礼を重んじつつ、最もシンプルな行為で目的を果たせるように磨き上げられている点です。初めは必要に迫られて行動が生まれ、受け継がれる長い時間によって美しさが絞り込まれ、作法や道に昇華したのだと考えています。

また、小さな一部分に集中する視点と自分を取り巻く大きな宇宙を俯瞰するようなもう一つの視点は、先に紹介した宮本武蔵の『五輪書』にも通じるところがあります。お互いのもてなしや心遣いを無言で感じ、空気から次にとるべき動きを読み、時間の中に行為の軌跡を描く。それらはみな究極の美を育んでいます。「道」はそれを恒久的に伝える装置です。

仕草から作法にまで進化した所作、行為はすでに文化です。たとえば皆さんが目上の人にお酌をするときは両手を添えるでしょう。これは「失礼のないミニマムな動き」として両手を使う文化が禅思想から日常化して浸透しているものです。

ほかにも「相槌を打つ」「出迎えと見送り」など私たちにとって当たり前の所作は相手を受け入れるという意味を持っています。逆に「無表情」「腕組み」などは相手に不快感を与えるという共通の認識があります。

ただし、これは「日本なら」という注釈がつきます。これらの行動に美しさや不快さを認めるのは日本独特であって、美しさの基準は文化や民族によって違うからです。

行為は人間の営みの積み重ねであり、パターンが独自の文化になっていきます。日本ではそれが「道」に集約されてきました。しかし海外では、民族それぞれに違う行為が伝承され、文化になっています。

この文化の見直しは「行為のデザイン」の原点です。ユーザーが刷り込まれている行為は文化と表裏一体です。文化や民族性を考慮すれば、その地域のユーザーにとっての美しいデザインを求めることができます。

この関係は、逆の大きな可能性をも含んでいます。もし生み出した「行為のデザイン」が文化や暮らしに深く根ざせば、その行為を新しい文化に昇華できるのではないかと思うからです。茶の湯の作法が中世から浸透し始めたように、私たちが考えた新しい所作が二一世紀から未来にかけて浸透する可能性もあります。究極の「行為のデザイン」ができれば、単なる外観デザインを超えた文化領域まで影響を及ぼせると考えています。

■「行為のデザイン」の思考プロセス

それでは、私たちが「行為のデザイン」を行うには物事をどんな順番で考えていけばよいのでしょうか。

「行為のデザイン」のメソッドは、具体的なデザインの前にまず人とモノの接点にあたるインターフェイスに注目することから始まります。まず、世の中の関係性は以下の六つに分けられます。

❶人と人　❷人とモノ　❸人と情報
❹モノと情報　❺モノとモノ　❻情報と情報

それぞれの接点にあたる部分をインターフェイスと呼んでいます。

インターフェイスいう概念は英語の「接点・境界面」を表す単語から来ています。もとはデジタルデバイスを接続する部分をインターフェイスと呼んでいましたが、今はもっと意味が広がってきました。二者の間に存在し、互いに特定の作用を伝え合うことがインタ

図3 インターフェイスの概念図

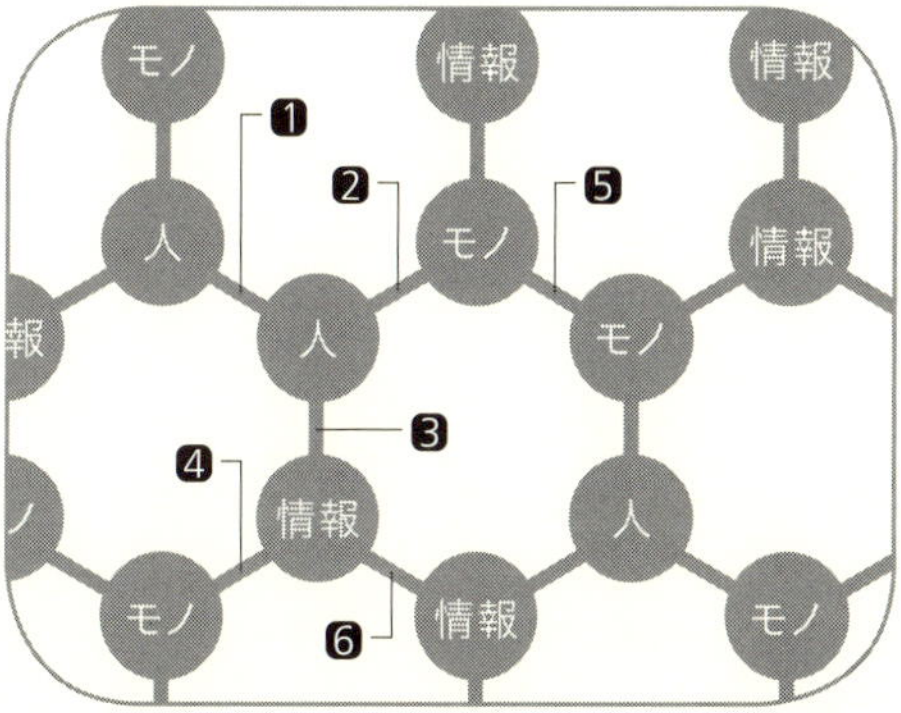

行為の対象

❶ 人と人	話をする、触れ合う、目くばせする、身振り手振り……
❷ 人とモノ	道具、ハンドル、スイッチ、帽子、服、住まい、食物……
❸ 人と 情報	インターネット、アナウンス、サイレン、サイン、モニター、TV、ラジオ、音楽、新聞、雑誌、本……
❹ モノ と 情報	IoT、スマートハウス、ITS、AI、ホームセキュリティ、ワイパーで雨情報を集める……
❺ モノ と モノ	中身とケース、アッセンブリ、センサーと CPU と アクチュエーター、ノコギリと木、雨と傘……
❻ 情報 と 情報	USB、iEEE、232C DIN、RFID、IR、光ファイバー、Bluetooth、Wifi……

ーフェイスと捉えられています。

先ほどの六つの組み合わせにおける、三つの関係から見ていきましょう。

❶人と人……目や口や耳を使う会話、体を使うジェスチャー、視線を合わせること

❷人とモノ……手と持ち手、刃先と紙

❸人と情報……タッチパネル操作、情報を伝える画面、音を伝えるイヤホン

身近でわかりやすいのはパソコンの例でしょうか。

パソコンに命令を送って、ある機能を働かせたいとき、私たちはキーボードやマウス、タッチパッドから操作をして「こう動いてほしい」という意図を伝えます。このキーボードなどのデバイスがパソコンにおけるインターフェイスです。私たちとパソコンのCPUの間に存在し、人の作法でコマンド（意図）を伝える機能を持つからです。

以前は命令を伝えるために難しいプログラムをアルファベットで打ち込みましたが、アイコンができ、マウスができて、誰でも簡単に同じ命令を送れるようになりました。

これは「インターフェイスの工夫によって、同じ技術を簡単に使えるようにした」といえます。キーボードの配置やマウスの形状はその目的に沿うようにデザインされました。

図4 行為のカード（概念図）

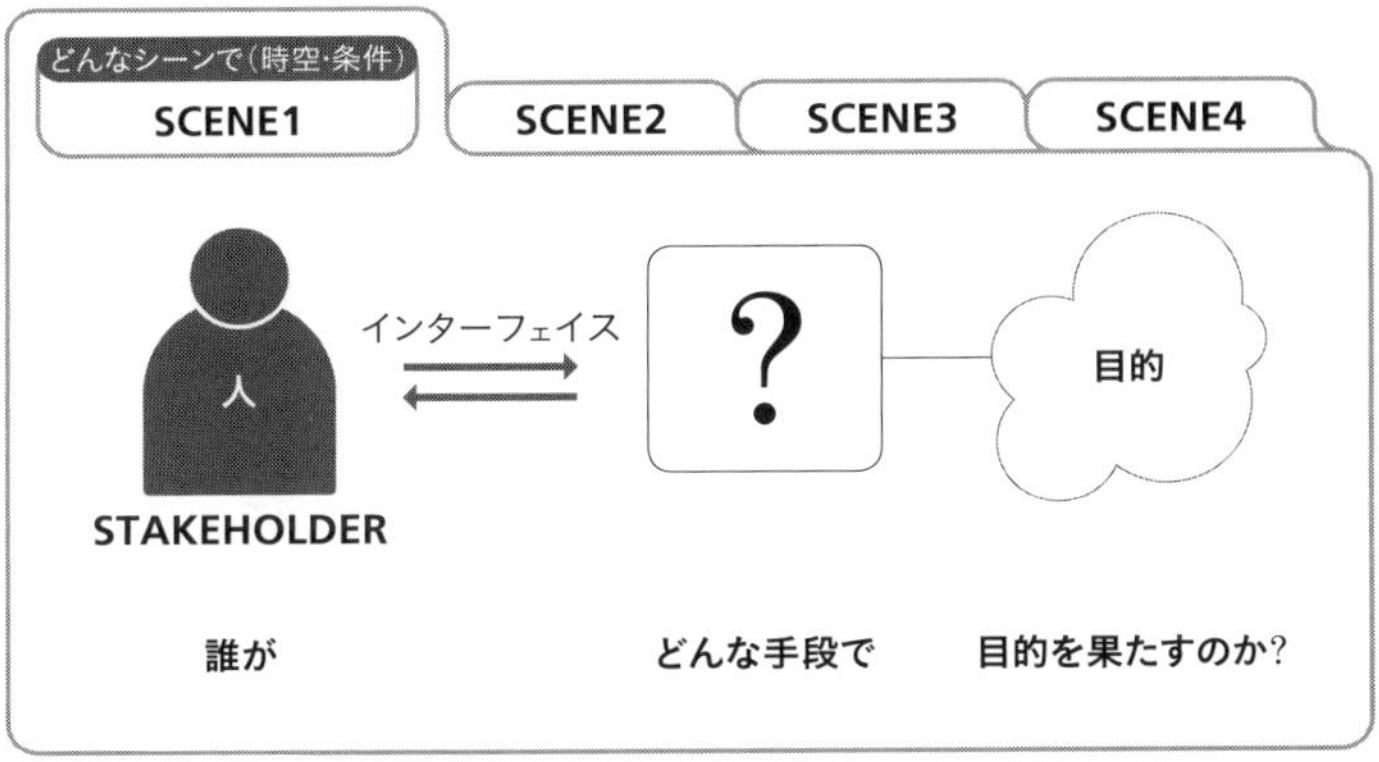
どんなシーンで（時空・条件）
SCENE1
SCENE2
SCENE3
SCENE4
インターフェイス
?
目的
人
STAKEHOLDER
誰が
どんな手段で
目的を果たすのか？

人間工学を取り入れつつ洗練され、現在は世界中で使われています。

キーボードやマウスはカチカチと押すボタンから電気情報を送っていましたが、さらに進化したのがタッチパネル、さらに変化して手を使わずに伝えようとするのが音声認識です。人とモノの間で「こうしたい」という意図を伝える方法はどんどん変わっています。

すでに二者間に存在して意思をスムーズに伝達することが当たり前となり、立ち止まることなく機能を利用できるデザインが求められています。

ただ、現代では進化したデバイスに振り回されて、人間が「デバイスの作法」に従っている

図5 行為のカード

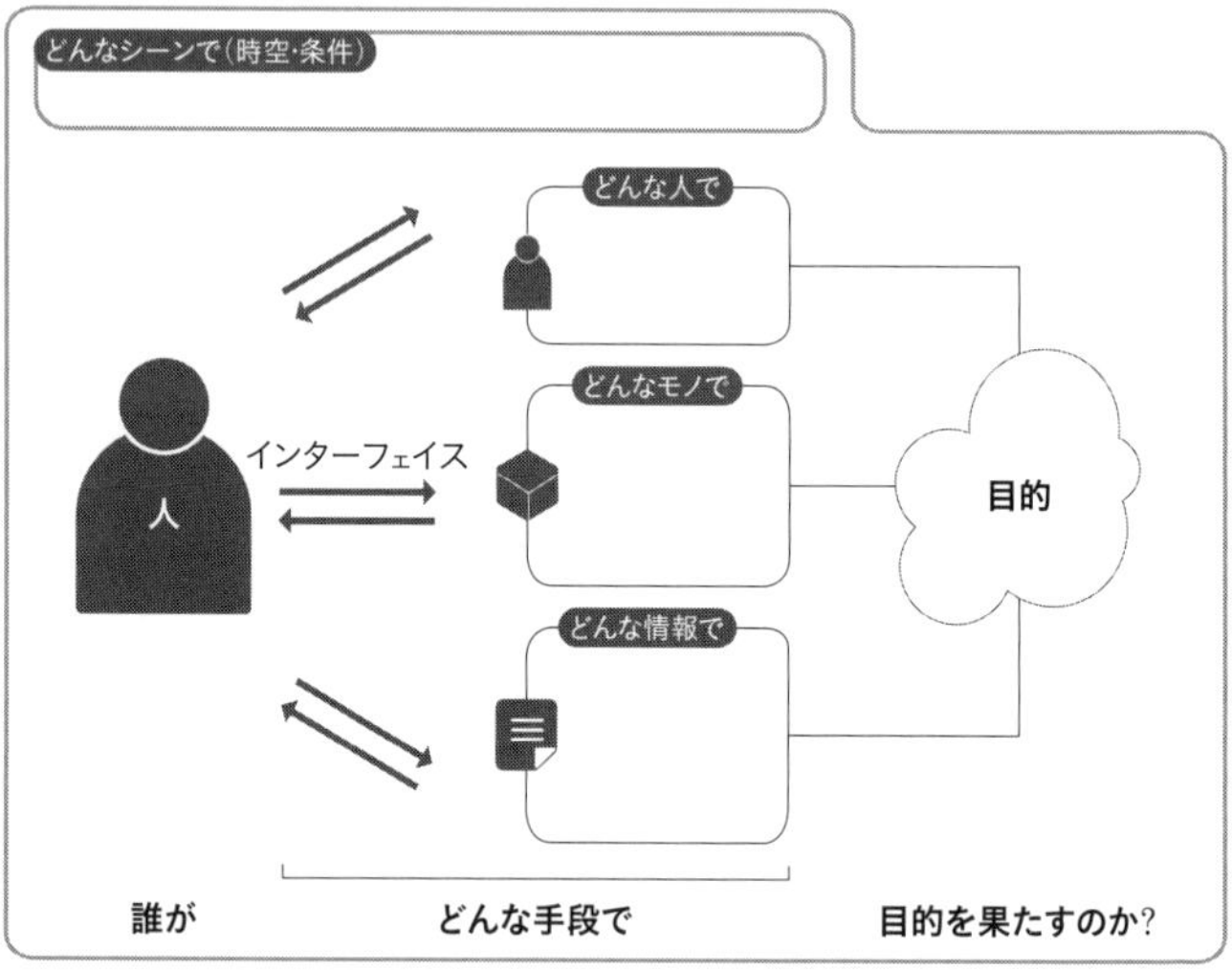

傾向があります。便利とはいえ、どれだけの人がOSの設定やパスワードの管理、登録などに時間を費やしているでしょうか。私はこの姿を見ると、人とモノは、もっと自然と共生できる人間らしい営みの延長で存在するべきだと痛切に感じます。自分たちが進むべき方向はただひとつ。自然と共生できる人間らしい営みに、何が「バグ」となっているのかを精査するべきだと思うのです。

今プロダクトの周辺で起こっている「バグ」は、人間らしい営みを象徴していると考えます。日常の至るところにある「バグ」に気づき行為の歪みを

図6 行為のカード（記入例）

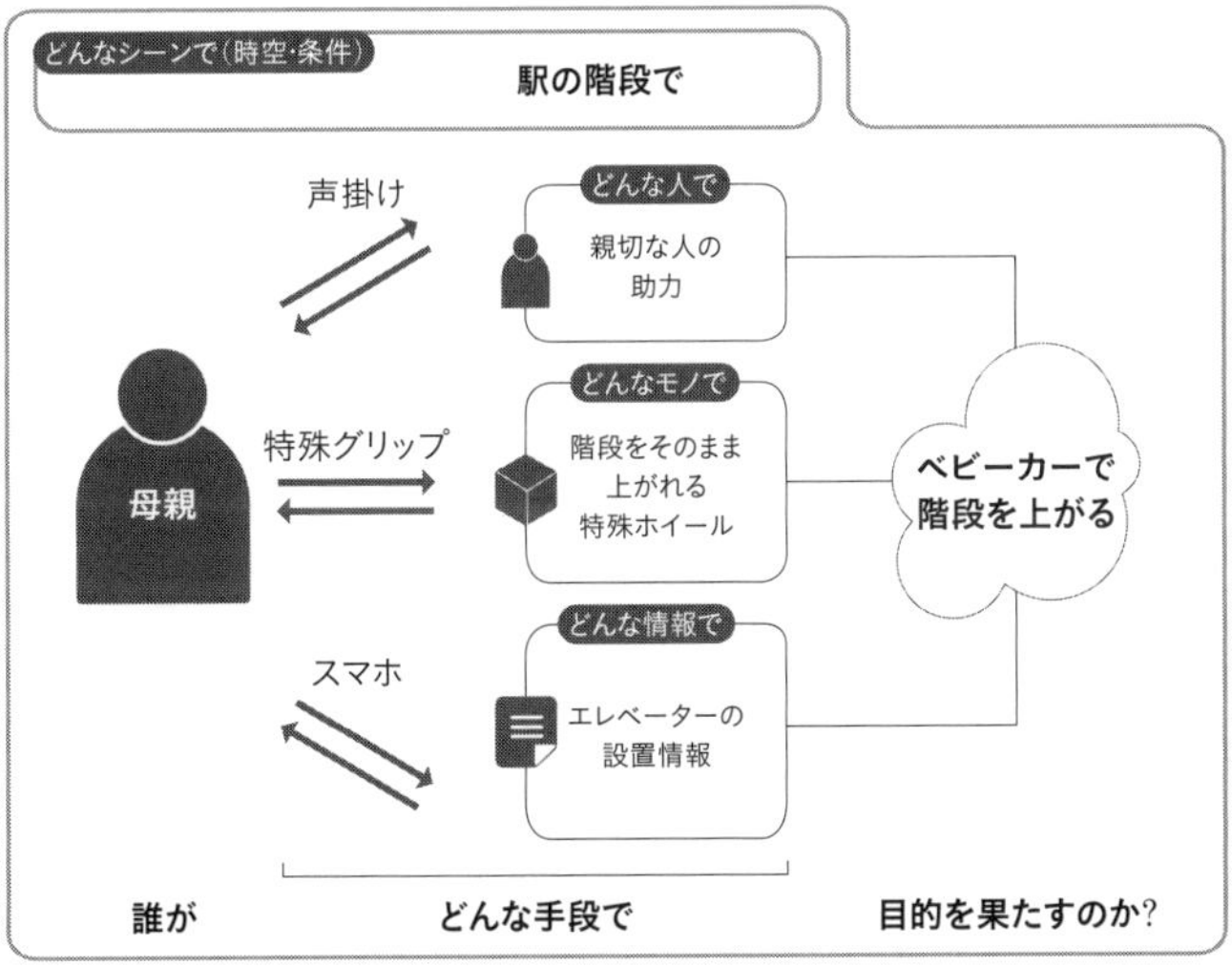
どんなシーンで（時空・条件）
駅の階段で
声掛け
どんな人で
親切な人の
助力
母親
特殊グリップ
どんなモノで
階段をそのまま
上がれる
特殊ホイール
ベビーカーで
階段を上がる
スマホ
どんな情報で
エレベーターの
設置情報
誰が
どんな手段で
目的を果たすのか？

直せば、本来あるべき「人とモノ」の関係が取り戻せるのではないでしょうか。「行為のデザイン」は人らしい美しい行為を再発掘することの一環でもあります。

暮らしの中にあるさまざまなプロダクトにインターフェイスは存在します。車ならハンドルやレバー、さまざまなスイッチが該当します。テレビやエアコンのリモコン、電子レンジのボタンもインターフェイスです。ドアにもノブや指を引っかける部分があり、それを使えば開け閉めしたい人間の意図が伝わるようになっています。どれも二者間に存在し、視覚的に存在を伝え、それを使うことで意思をやり取りする役割を持っています。

もしドアノブが小さくて回しにくいものだったり、ドアに穴や取っ手がなく何を押し引きすればよいのかわからないようでは、デザインは失敗です。ユーザーにとってわかりにくいインターフェイスはプロダクトにとって大きな「バグ」となります。なぜなら使い方がわからなければ行為そのものが始められないからです。

どんなプロダクトであれ、ユーザーが最初に接するのはインターフェイスです。人・モノ・情報の関係を使い、どう認知して使い始めてもらえるか、または使いたくなるのか考える。だからインターフェイスの吟味が「行為のデザイン」のスタートになります。

それでは、実際にインターフェイスを抽出する作業を実践してみます。

インターフェイスを模式化するには、図5にあるようなカードが便利です。人と目的を設定すると、間にある手段が見つかり、インターフェイスが特定されます。

たとえば駅の階段でのワンシーンを記入例として考えてみましょう。「母親がベビーカーを持って階段を上がる」という目的なら、目的欄に「ベビーカーで階段を上がる」を入れ、反対側に「母親」を入れて、真ん中を空欄にします。この空欄に入る「人・モノ・情報」とは何でしょうか。ここで考えられるすべてが手段となり、それぞれが「母親」と関わりを持ちます。この関わりが「インターフェイス」になるのです。

それは「母親の手」かもしれないし「エレベーター」かもしれません。人助けを頼める「アプリ」かもしれません。さまざまな可能性がこの空欄には秘められています。その一つ一つを見つけて、プロダクトの機能に発展させられるのかを考えます。

「行為のデザイン」の次段階では、ここで見つけた手段をさらに詳しく検証します。

■ 人・時空・目的が生み出すシーンを考える

図5のカードを使って「目的」「人」「手段」の組み合わせを作成したら、それぞれの相互関係から起こり得るシーンの中の「バグ」を探します。「バグ」とは、ユーザーの行為を止めてしまう不具合のことです。

たとえばあなたがあるカフェチェーン店の容器開発者だとします。目的を「熱いコーヒーを飲む」と設定し、人を「昼休みにコーヒーを買いに来た女性」と設定しました。この場合どんな手段であればその目的を達することができるでしょうか。

まず、道具としてカップを使うことが考えられます。空欄に「カップ」と書くか、思いついた形をイラストで描いてみてください。カードに書き込んだら「昼休みにコーヒーを買いに来た女性」がどんな時間軸で「熱いコーヒーを飲む」のか想像してみましょう。

彼女が来店し、カウンターに近づいてメニューを見ます。メニューからホットコーヒーを選んでお金を払い、カウンターで出来上がりを待ちます。渡されたら容器を持って移動するでしょう。そのとき彼女は階段を上るかもしれないし、重いバッグを持っているかもしれません。その後はおそらく席を見つけて座り、コーヒーを飲むはずです。細かいことですが、一つずつ行為を時間軸で辿り、何が起こるのか考えるのです。

もし熱いコーヒーが持てなければ「バグ」になってしまいます。店内で飲むならマグカップがよいでしょうし、持ち帰るのであれば紙やプラスチック製の素材が軽くてよさそうです。マグカップなら熱が伝わらない取っ手が必要です。また、店内で移動するならトレ

図7 カード活用例（カフェ容器の開発）

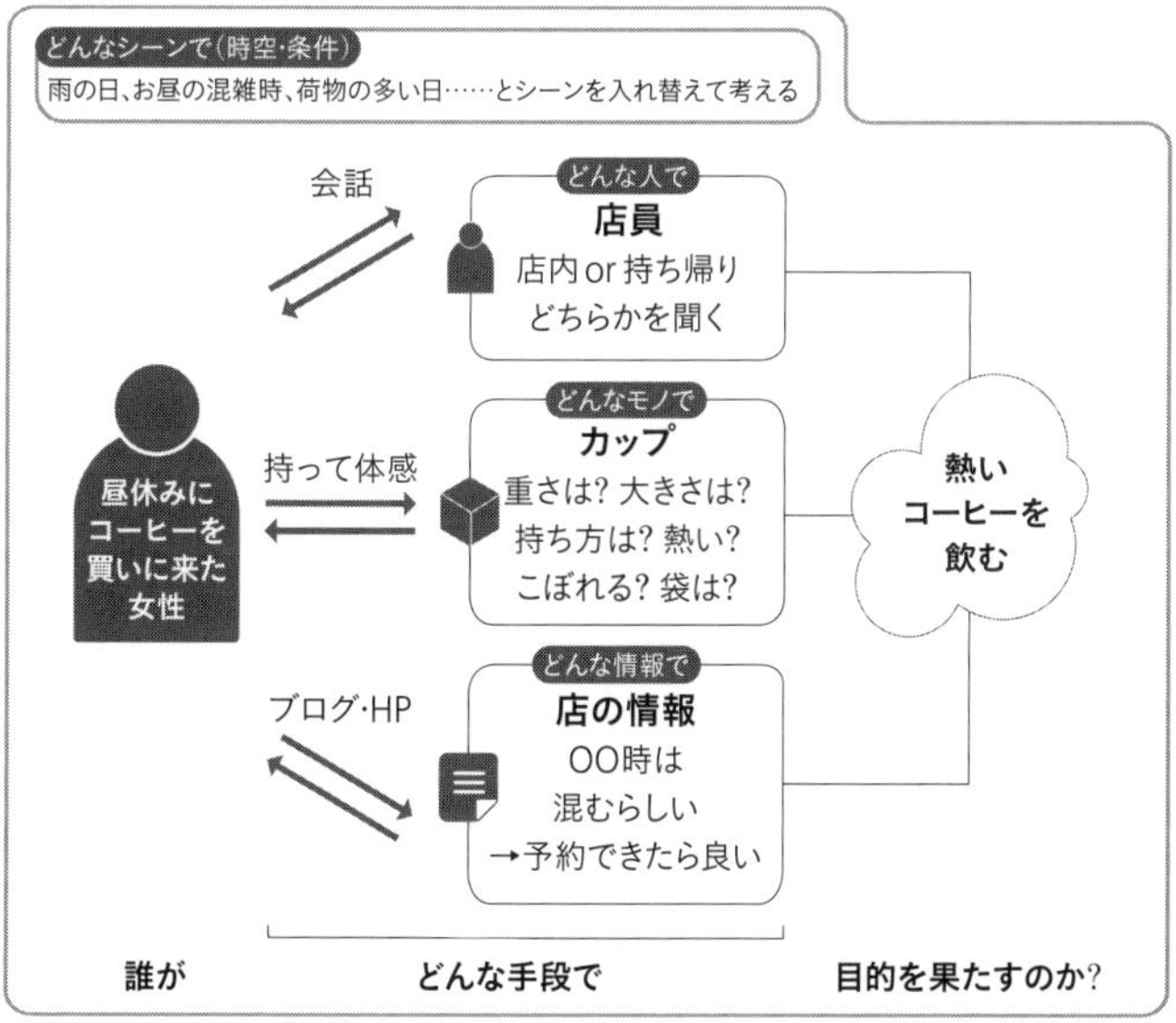
どんなシーンで(時空・条件)
雨の日、お昼の混雑時、荷物の多い日……とシーンを入れ替えて考える
会話
どんな人で
店員
店内or持ち帰り
どちらかを聞く
昼休みに
コーヒーを
買いに来た
女性
持って体感
どんなモノで
カップ
重さは? 大きさは?
持ち方は? 熱い?
こぼれる? 袋は?
熱い
コーヒーを
飲む
ブログ・HP
どんな情報で
店の情報
OO時は
混むらしい
→予約できたら良い
誰が
どんな手段で
目的を果たすのか?

イを水平に保つのが大変です。滑りやすい底のマグカップであればトレイの上で動いてしまうかもしれません。滑り止めがあると安心できそうです。

このほか持ち帰り用のカップにも取っ手をつけたり、手持ちしても熱が伝わらない素材で作るなど、方法がいくつかあります。持ち帰るときにこぼれると「バグ」になるので、フタなどの解決策が必要です。このように行為の流れを小分けして考えていきます。

始まりは一枚のカードですが、時間軸に沿って細かく想像するとさまざまな「人」の行為が浮かび、「バグ」を解決する手段が見えてくるはずです。思いついた事柄はすべて付箋やノートに書き留めておくと後に大切な情報になります。

今回の例なら「熱さが伝わらない持ち帰り容器」「滑らない容器」「持ち運んでもこぼれない容器のフタ」などがプロダクトデザインのヒントになります。この気づきが「行為のデザイン」の種です。

人を入れ替えてみる

同じ目的でも「人」を変えると手段が変わります。

たとえば食事という目的で「日本人」という「人」なら、箸という手段が有効です。しかし「インド人」の設定では箸を使ってもスムーズな行為になりません。文化によっては手が手段です。今度は人を「幼児」とすると箸では難しく、手段は小ぶりなフォークやスプーンが当てはまります。

このように、一枚のカードから「人」を入れ替えると新しい状況と「バグ」が見つかります。先ほどの例では「昼休みにコーヒーを買いに来た女性」と設定しました。この

図8 目的が同じでも「人」を変えると手段が変わる例

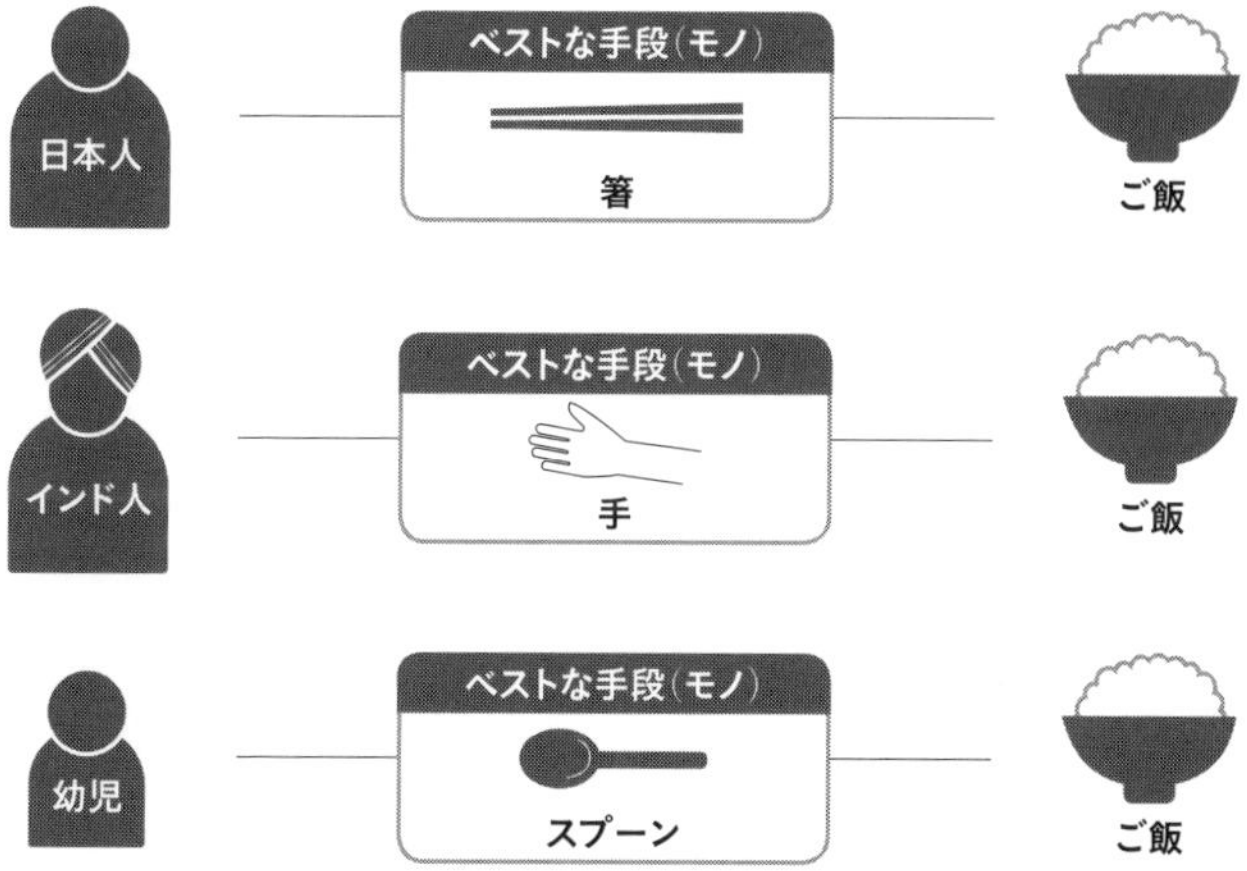

「人」の部分を入れ替えるとどんなシーンが生まれるでしょうか。たとえば「年配の男性」だとしたら同じ行為でも出会う「バグ」が変わってきます。

ひょっとしたら若い人と比べて手先の自由が利かなかったり、重たいものを持ちにくいかもしれません。そうすると「重くないマグカップ」がヒントになります。もし容器のフタが固くて開けづらいとしたら、それは新しい「バグ」です。今後は、高齢者に発生しうる「バグ」について特に注意して、新しい解決策を考える必要があります。

時空を入れ替えてみる

手段を考えるとき時間や空間の条件も大きな要素になります。先ほどのカードでも、今度は時間や空間を入れ替えてみるとシーンが変わっていきます。

もし「昼休みにコーヒーを買いに来た女性」が「熱いコーヒーを持ち帰る」設定ならば、空間が「晴れ」と「雨」では行為が変わります。晴れていれば問題ないことでも、「雨」という空間になったら「昼休みにコーヒーを買いに来た女性」がどうやって「熱いコーヒーを持ち帰る」のか想像しなければいけません。傘はどう広げるか、他の荷物はどうするのか、と場面を考えて、行動を止める「バグ」を抽出します。

別のプロダクトでも空間を変える例を考えてみましょう。

たとえば少し懐かしいヒモ付きの照明。私たちが昼間に家を出るならヒモを引っぱり難なく消すことができます。しかし夜に戻ると家の中は真っ暗です。どこに照明のヒモがあるのかわからず、暗闇で腕を振り回すような美しくない行為をすることになります。昼間は問題なくできていた行為ですが、時間の条件が「夜」に変わると「バグ」が発生するのです。身の回りでも時空の変化による「バグ」を見つけてみてください。

図9 空間によって変わる例 照明のスイッチ 昼間（上）と夜（下）

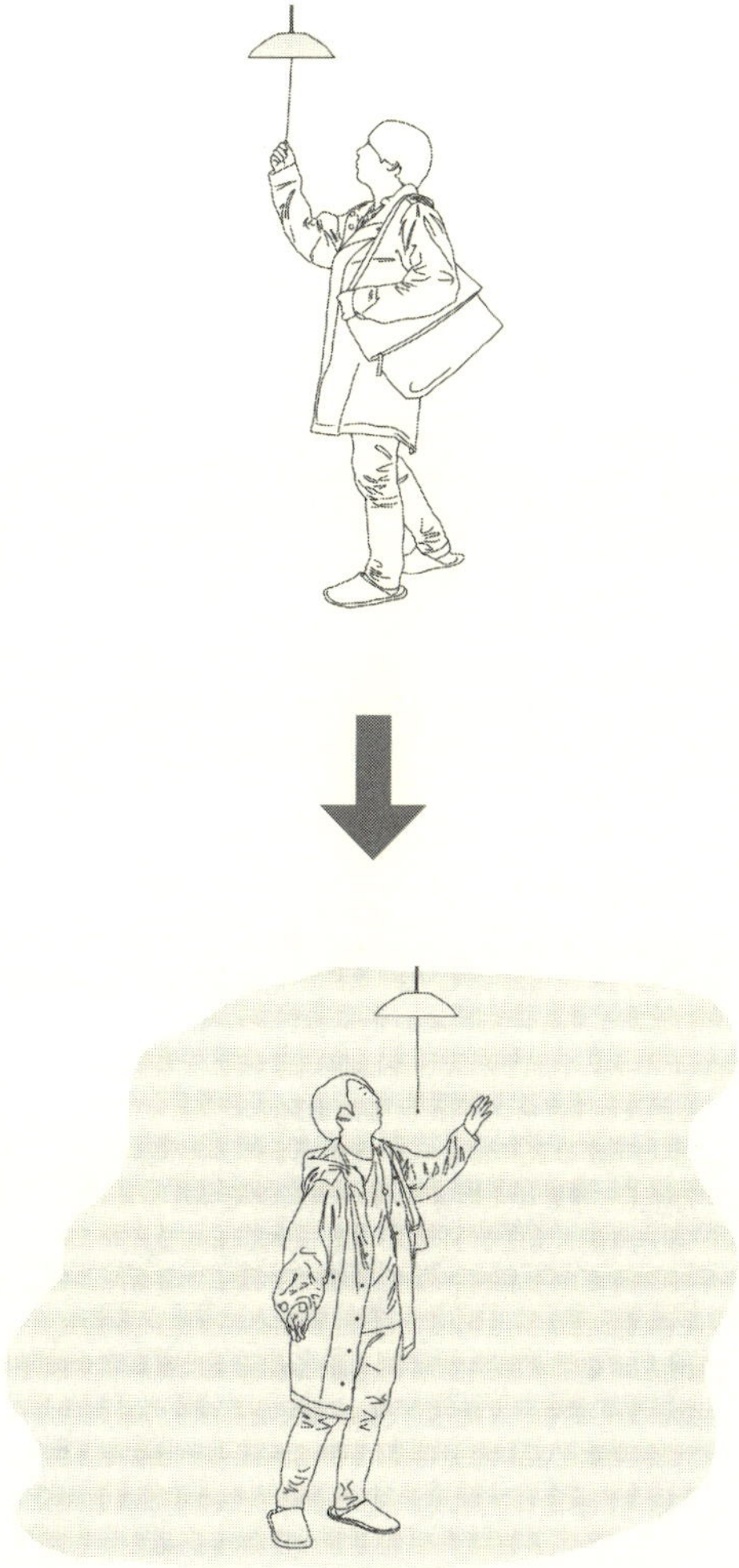

目的を入れ替えてみる

同じ人と空間で「目的」を入れ替えて想像するのも「バグ」の発見につながります。たとえば「女性」が「自分の部屋」でランチを食べる場合、「目的」が変わると手段が変わります。もしカレーを食べるのなら手段はスプーンです。パスタならフォークを使い、茶碗のご飯を食べるなら箸を使います。しかし、このパスタが日本で生まれたスープパスタならどうでしょうか。フォークだけでは、スープをすくうことができず、スプーンも必要だということが分かります。このバグを解決することで、イタリアにはない作法を生み出しています。このように海外の食や文化や作法を取り込み、その民族性に合わせた同化が世界を均一にせず、興味深い凹凸を創りだしていることが分かると思います。

このように、「行為のデザイン」では、形状や色を考える前に行為それぞれを時間軸で追い、気づいたことを記録していきます。ユーザーの行為一つ一つから最適な形やＵＩを見つけるのがデザイン本来の手順だと考えるからです。

人、時空、目的をどんどん変更して想像するのは、視点と発想を変えて気づきを生むためです。だからこのカードワークは「行為のデザイン」の発想の原点といえます。

図10 目的によって手段が変わる例 ランチによってツールが変わるカード

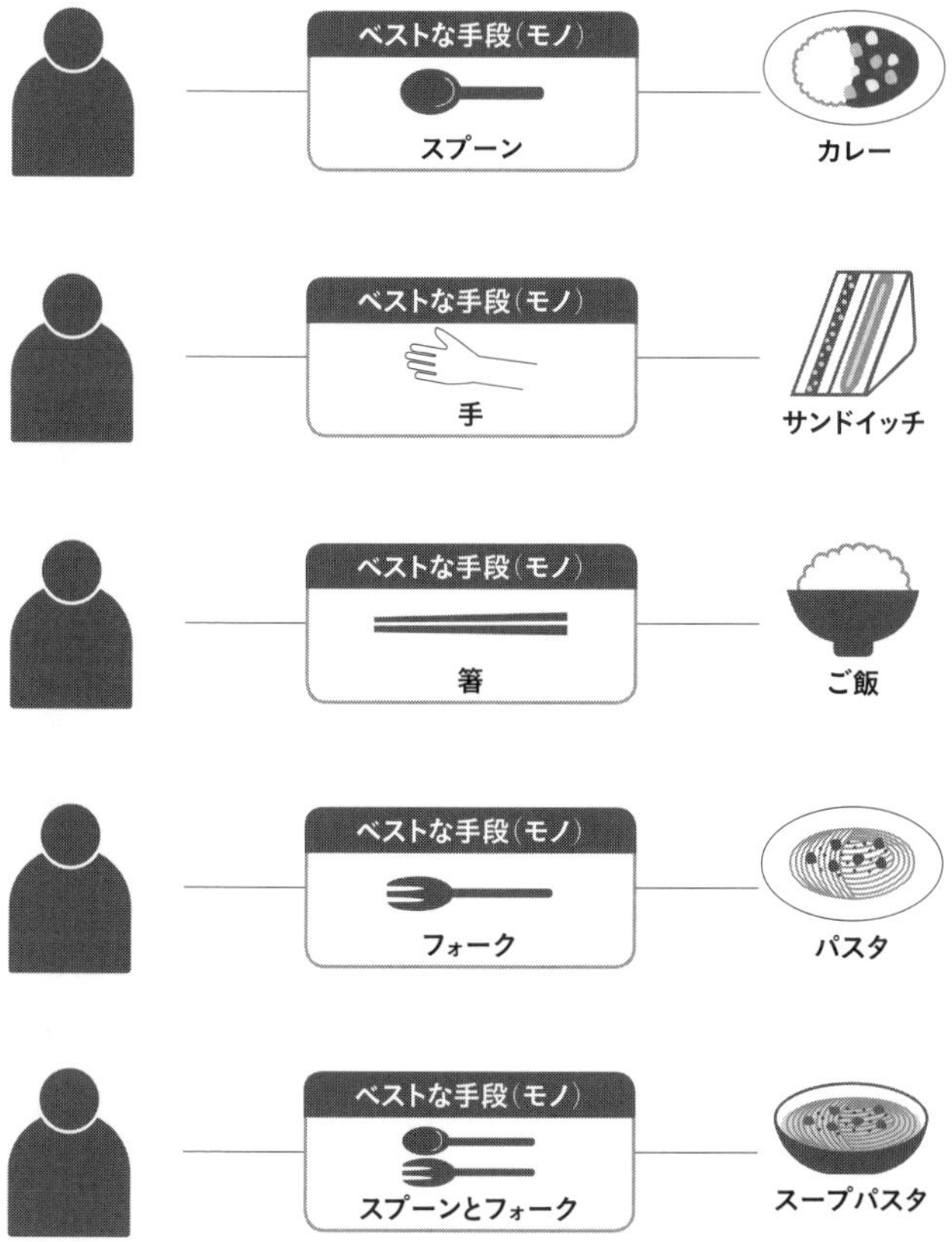

見慣れている自社のプロダクトやサービスも、この方法でユーザーの行動を追っていくと思わぬ「バグ」が見つかるはずです。「バグ」を解決しスムーズに美しく振る舞えるような形に導けば、プロダクトはさらにブラッシュアップできます。

■ マジョリティを基準にする

皆さんは外から帰ってきたら、ジャケットとズボンをどうしますか。まずジャケットを脱ぎハンガーに掛けるのではないでしょうか。そのあとズボンを脱いでハンガーに掛けようとするけれど、すでにジャケットが掛かっていてズボンは掛けづらくなっています。

ここで行為の「バグ」が生まれます。

本当はすんなりと「ジャケットを掛ける、ズボンを掛ける」という行為を進めたいのに、最初にジャケットが掛かっているせいで行動が止まってしまうからです。

解決するには二つ方法があります。一つは、面倒ですが掛けてあるジャケットをいったん外してズボンを掛けること。目的は達せられますが、後戻りを含む動きはあまり美しい行為とはいえません。

もう一つは、ジャケットではなくズボンから脱いでハンガーに掛けること。これなら行為を止めることなくすんなり両方をハンガーに掛けられます。しかし、この順番で着替える人がどれだけいるでしょうか。

多くの人はジャケットを脱いだあとにズボンを脱ぐでしょう。「ハンガーに掛ける」という目的のために今までの行動を逆にさせるのはデザインとしてよくありません。


私がいつも話をするのは、マジョリティとマイノリティについてです。先にズボンを脱ぐ行動をとる人は一〇〇人に一人ほどのマイノリティです。ところがこういう行動をとらないとハンガーを正しく使えません。ということは、このハンガーはマイノリティ用にデザインされているのだといえます。

しかし、プロダクトデザインというのはマジョリティのためにあります。世の大多数の人がなじんでいる手順を基準に考えなければ受け入れてもらえません。そうするとハンガーのほうから人間の行為に沿ったデザインに変わる必要があります。たとえば図11に紹介したように、ハンガーを取って上着を掛け、次にズボンを掛け、上着の襟を手前に引っぱるという形に改良すると、マジョリティのためのデザインになるのです。

「行為のデザイン」の基本は、人間の行為にデザインを沿わせることです。マジョリティが行動を止めてしまうポイントを探し出し、そこをデザインするのです。

よく道端で配られているポケットティッシュがあります。花粉が飛ぶ季節にはとても重宝されるでしょう。皆さんは鼻をかんだあと、そのティッシュをどうしますか。もしゴミ箱があれば捨てられますが、ない場合は処理の方法が人それぞれです。バッグに一時的に入れたり、その場で捨ててしまう人もいるかもしれません。ただ、ポケットにそのまま入れるのは抵抗がある人が多いでしょう。

実は、ポケットティッシュのカバーは「鼻をかんだあとはどうしよう」と悩むマジョリティのために答えを用意しています。それは、カバーについているポケットです。カバーをよく見ると広告などが入っている面にビニールが重なっているところがあります。片口が開くポケット状で、ここに使用したティッシュを一時的に入れられます。

私はデザインの講演をするとき、使ったティッシュをどうするか、いつも聴衆の皆さん

図11 マジョリティの行為が、プロダクトに反映されていない例（ハンガー）

今までのハンガーにおける日常のバグ

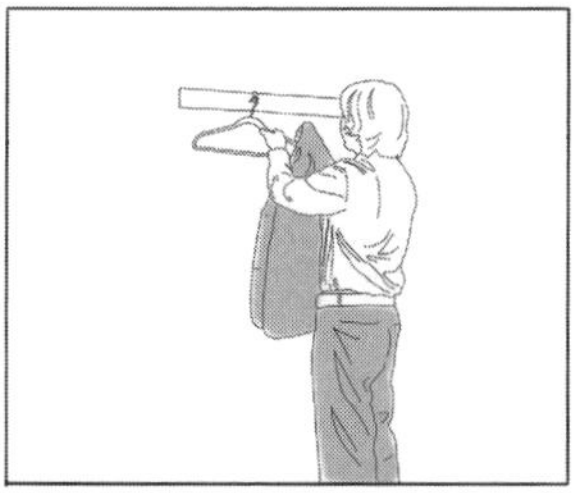

通常は、ほとんどの人がジャケットから掛ける。そうすると、次にズボンが掛けづらくなる。

ズボンから先に脱げば掛けやすいのだが……。

行為のデザインをもとに開発したハンガーの使用方法

❶

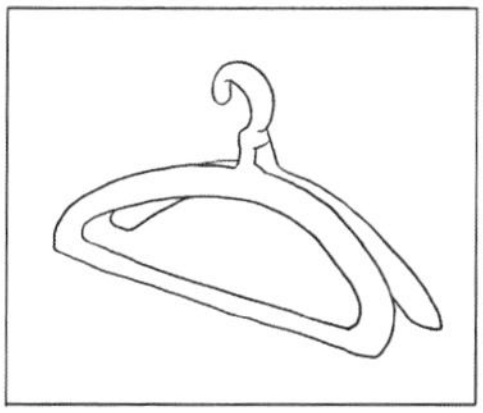

ハンガーを広げる

❷

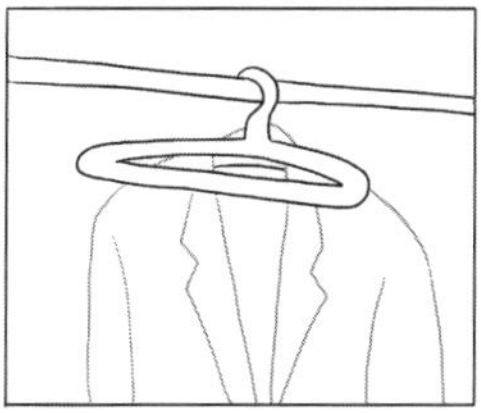

ジャケットを先に掛ける

❸

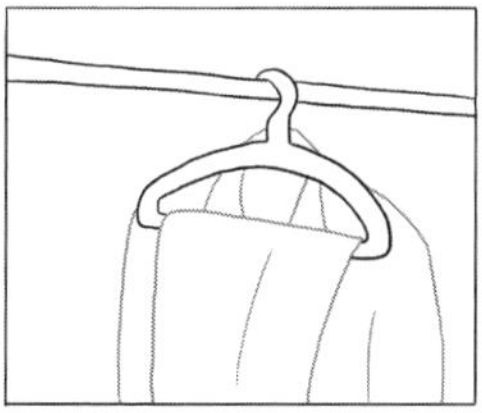

次にズボンを掛ける

❹

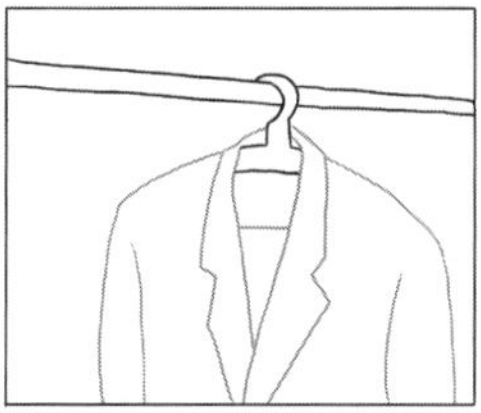

襟を手前引っぱって、完了

に聞いています。今までの経験からこのポケットの活用方法に気づいているのは一〇〇人のうち二人か三人いたらよいほうです。

元は広告挿入用のポケットですが、使用済みティッシュの捨て方に悩む人には便利な空間です。結果としてマジョリティのためのデザインに相当するのですが、告知が足らず実際に使われていない、もったいない部分かもしれません。

■「行為のデザイン」は観察だけに頼らない

オブザベーションという言葉は一般的になってきました。いわゆる「行動観察」です。モノづくりのメーカーで特に消費者行動に着目している企業ならほとんどが行っています。方法はさまざまで、被験者を呼んで商品を使ってもらう様子を担当者が別室から観察したり、実際に購入したユーザーの家で観察させてもらうこともあります。

「行為のデザイン」は、この観察とは別の手法です。観察法ではなく発想法であり、極端に言えば行動観察をしなくてもいい、見なくてもいい手法です。「机上の空論」というとマイナスイメージがありますが、もっと積極的に机上で思考を進める「机上の想像」と表現するほうが実体に近いでしょう。体験と豊かな想像力を駆使すれば行動観察に時間をかけずとも「起こり得る状況」を描くことができます。

机上の想像で参考になるのはクレーマーの視点です。

クレーマーというと聞こえが悪いのですが、細かい場面を想像してあたかも自分が向き合っているかのように思う感覚は豊かな想像の産物です。想像の中で、あるニッチな状況を生み出します。

通常の利用方法で問題がなくても「雨の日に濡れた手でこれを持ったときにできない」と考えたり「荷物が二個までなら使えるけど、三個になったら使えない」と考えたりするのは、起こり得る「バグ」を見つける一種のスキルです。

メーカーが保証している環境外の条件を想像するのは行き過ぎと感じるかもしれません。しかし、それはユーザーが遭遇するかもしれない条件でもあるのです。

この視点を得るにはコツがあります。

通常の状態でプロダクトを見ていても、なかなか新しい視点は出てきません。仕事で毎日関わっているものであればなおのこと、見慣れすぎていて新鮮味がなくなっています。

そこで役立つのが想像力を補助するツールと場です。

先ほど紹介したカードはツールの一つです。シンプルに図式化された「人」「時空」「目的」は、ユーザーの行為を想像するきっかけとなります。人は「何でもいい」と言われると考えが出てきませんが、具体的なステークホルダーを定めると想像しやすくなります。カードを使えば条件を絞り込むことができ、想像のタネを提供してくれます。このカードを使って多人数で「バグ」探しを行う場が「行為のデザイン」のワークショップです。

細かく行為を追う作業を大勢で行うことで、他者の発想や考え方から刺激を受けてさらに新しい想像を生み出すことができます。想像から形を生むのはデザイナーの仕事です。デザイナーは経験と想像から得たものを条件というフィルターにかけ、頭の中にビジュアルを作り出します。そしてあたかも現実にあるかのように可視化して、そのビジュアルを多くの人と共有する能力を応用します。

しかし想像そのものは、デザイナーに限らず多くの人が持っているスキルです。たとえばスーパーのカゴを改良したいと思ったら、皆さんはスーパーに行った経験を掘り起こして想像することができます。おそらく生涯で何千回も行った記憶が頭にあり、いちいち他人を観察しなくてもユーザーの様子がわかるはずです。その状態に「この条件なら何が起こるか」「こんな人がいたらどこで困るか」と課題が与えられると、実際にそんな人を見たことや聞いたことがなくても考えられるのです。

誰にでも経験の蓄積と想像する力があるのですが、従来の開発プロセスでは発掘する機会がありません。何かというと調査やオブザベーションを取り入れてしまいますが、新しい作法が調査から生まれにくいのは、iPhoneの例からもわかる通りです。むしろ机上の想像を活用して各セクション担当者のアイデアを抽出し、自社内の情報共有に努めてみてください。特にデザイナーや企画など、何か生み出す仕事の人なら机上の想像ができれば武器になります。


今まで考えたことがない属性についても、求められれば人は想像ができます。

これまで行ってきた企業のワークショップでは、経験のない男性でも妊婦の行動を想像できました。か弱い女性でも力士の行動が想像でき、定年間近の男性でも女子高生の行動が想像できました。

おそらくこれは、自社のプロダクトやサービスを対象にしたからだと思われます。なぜなら営業の人はそのプロダクトを毎日売り、技術の人は毎日設計しています。情報や知識がたくさん蓄積されているので、属性を変えた机上の想像でも十分に再現できるのです。

通常のオブザベーションは「Aさんがこういう行動をとりました」という結果しか出てきません。しかし想像力を駆使すると「きっとAさんはこんな行動をとるだろう」「それはこんな理由からだろう」と浮かんできます。半日や数時間の観察では見つからなかった「バグ」が、想像の力なら短い時間で探し出せるのです。そして掴まえた「バグ」の画期的な解決法をみんなで考え、ユーザーが使いたいデザインに生かすことが可能です。

具体的には、解決法に則した技術やUIの組立、生産方法、市場への導入方法などのフィルターを通して意見交換ができます。そこでユーザーの「シームレスな行為」「未知の体験」を現実にするデザインが出てくるのです。

世間では「机上の空論」は悪いもので現実を見なければいけないと言われますが、少なくとも「行為のデザイン」では、調査では見つからない、想像でできることがたくさんあります。現実世界での統計調査やオブザベーションは、そのあとでも十分でしょう。

想像を思いっきりしてください。その想像の中で課題や「バグ」に出会うはずです。そして想像の中で解決してみてください。

私はこの一連の想像や思考を「想像体験」と呼んでいます。

第2節

想像体験とは、ほかの誰かになること

先ほどのカードで書き出したような「人」「時空」「目的」という条件を変えた状態を、すべて実地で観察するのは不可能です。しかし、私たちには想像力があります。想像の力で状況を考え直してみるのが想像体験です。

たとえば普段行っている行動を「年配者」が行うと仮定し、どんな問題が起こるのかを想像するのは、そう難しいことではありません。

おそらく誰でも周りにいる家族や知り合いの様子を頭に浮かべることができ、「体のこんなところの調子が悪いだろう」「若いときと比べるとここが違うだろう」と想像するからです。改めて「想像してください」と言われると「できない」と感じるかもしれませんが、誰でも適切な場や参考になるヒントが与えられると想像の力がよみがえってきます。

依頼があった企業では二つのパターンでワークショップを行っています。本来の自分の職種や性別、年齢などの経験によって知り得た情報をもとにするか、まったく異なる他人になりきって疑似体験をするかの二つです。前者はセクション間の情報共有を広げ、後者は発想力を高めて参加者同士のコミュニケーションを活発にします。これらはニーズによって使い分けています。

たとえば後者のパターンで、飲食店を経営する企業でサービスを考えたことがあります。そのときはワークショップ参加者にユーザー設定のカードを引いてもらいました。すると、五〇代のおじさんに「ＯＬ」というカードが当たったり、免許がない女性に「トラックの運転手」というカードが届いたりします。予想しない属性が回ってくるので引いた瞬間は大騒ぎです。ワークショップでは一日その人になり切ったつもりで、サービスについて考えてもらいます。

もし自分がトラックの運転手だったら、どんな状況で飲食店に行くでしょうか。店に来てまずおしぼりで顔を拭くかもしれません。来店した直後はのどが渇いて水を大量に飲みたいかもしれません。

当たった人物設定に合わせて「自分がもしこの人だったら」と想像し、来店して注文して、食べて勘定を済ませるまでを細かく書き出してもらいます。そして「こうだったらいいのに」「今のサービスだとこれが不便」という「バグ」を出すのです。

いつもの自分とは違う視点から自社のプロダクトやサービスを見るメリットは、普段の自分では気がつかないポイントに気づけることです。違う人が見慣れた自社のサービスを見たらどう思うか、ワークショップは改めて考える機会になります。

想像体験のメリットはもう一つあります。それは、特定の属性のユーザーに強いプロダクトやサービスを組み立てられることです。

ぼんやりとした予想からでは、特長を際立たせたプロダクトやサービスは作り出せません。何となく「若い人に来てほしい」「女性客をもっと増やしたい」というだけでは、具体的に何を改善すればいいかわからないからです。

わからないままに設定やデザインを進めていくと、どこにも響かない無難な平均点の成果物ができます。すべてのユーザーに向けたプロダクトやサービスは、実はすべてのユーザーにとって平均かそれ以下です。なぜなら、ユーザーは自分がほしい効果をねらっている尖ったプロダクトやサービスのほうが魅力的と考えるからです。

飲食店の例でいけば、すべてのユーザーにとって平均点の店舗は「まずくはないけど特別おいしいわけではない」「行ってもいいけれど行かなくてもいい」という評価になります。本当はとても品質が良いものを提供しているとしても、対象ユーザーを考えた「行為のデザイン」が抜け落ちているために現場で評価されないのです。

それを突破する方法が、想像体験です。

この属性のユーザーなら、店舗でどう振る舞い、何をほしいと考えるか。想像のリソースになるのは「人」「時空」「目的」を書き入れたカードと、時間軸に沿ったユーザーの行為です。このときネット検索の画像を参考にしても想像が広がります。時間軸に沿っててぃねいに人の行動を追うと誰でも想像ができ、「こんなサービスがあったらいい」「実はこういう行動をしたいのではないか」と思いつくようになります。

想像体験がうまく習慣化されると、カードなどのツールを使わなくてもステークホルダーの行動がいくつも思い浮かべられるようになります。実際に私が体験したのは、奈良の東大寺で座禅を組んでいるときでした。身一つで座り、ペンもカードもありません。もちろんパソコンや資料もない状態です。

その日は二月堂でのお水取りが行われ、五時間に及ぶ達陀《だったん》の行法に立ち会っていました。その間ずっと座禅を組んだまま静止していたのです。非常に厳かな雰囲気の中でやたらに頭が冴えてきたので、罪深い行動ではあるのですが、私は未解決の課題について考えることにしました。

プロダクトの素材、サイズ、レイアウト、動線、構造など、考慮すべき材料はたくさんあります。頭の中でカードの空欄を埋めるようにいろんな手段を考えては打ち消し、加えては削り、をくり返していました。

気がつくと五時間があっという間に過ぎていました。背後にいた知人が「まったく動かなかったので驚いた」とあとから話してくれたほどです。それほど集中して想像体験にのめり込んでいたのです。

そのときに考えた設計は数カ月後にプロダクトとして形になりました。「メタフィス・

ハウス」という延べ床四〇坪ほどの木造住宅です。日本古来の漆喰《しっくい》を生かしたエコロジカルな建築で、モデルハウス化された後、個別に注文住宅として商品化されています。

この「没入」経験を通して、自分の頭の中に必要な情報さえ入っていれば、可視化するための想像や組立は可能なのだと実感しました。問題は、自分と他人が関わることで起こるアクシデントを受け入れ、どこまで改善のために想像体験をくり返せるか、です。この持続が実現できれば、最終的にはツールに頼らずとも自らの想像力だけで可視化（造形）するべきデザインにたどり着けます。

ワークショップは能動的にこの「没入」を作り出す機会です。「行為のデザイン」ではそのステップを体系化しています。

■　誰でもなりきりが可能

想像体験で自分とはまったく属性が違う人物が割り当てられたとき、初めは皆さん驚いて「難しい」とこぼします。しかし、しばらくすると皆さん別人になり切って想像力を働かせます。

以前、五〇代の男性に「女子高生」の設定が当たったとき、彼はメモに書き出す字まで丸文字になっていました。「食べ切れなーい」とコメントして最後にハートマークをつけたり、かわいくデコレーションしたりして、「女子高生」として自社サービスを考えたのです。こういったなりきる姿勢は笑い事ではなく、とても大切なことです。

一つのワークショップでは、必ず二人以上が同じ人物設定で想像体験できるようにしています。先の例では彼の他にも「女子高生」設定の人がいました。二人で飲食店のサービスについて考えたのですが、彼らが想像した「もっと小さいポーションがほしい」「一個が大きすぎて噛み切れない」という視点は、女性客を考える上で本質をついたものでした。

あるときはおじさん二人が「カップル」の設定になってぼやきながらサービスや企画を考え、あるときは若い女性に「シニア」が割り振られるなど、ワークショップの設定は想定外です。始まるといつも盛り上がって想像が広がっていきます。

私のワークショップを「絶対眠くならない」と評してくださる方がいますが、それはイヤイヤ行うのではなく、参加者が楽しんでなり切ってくれるからです。違う視点で考える経験が楽しく、毎回「次のワークショップも出たい」という方ばかりになります。この空気感もいいコミュニケーションを生み出し、発想の好循環につながると考えています。

企業で行うワークショップは、プロダクトやサービスの開発のために、関連するステークホルダーに多く出席してもらいます。デザイナーや技術者という従来の「開発業務」に携わる人だけでなく、会社幹部、営業、企画、生産、販売など、できるだけ異なった立場の人たちが集まるようにアレンジします。ときには社長自らが参加する企業もあります。

また、地域創生に向けたワークショップでは、地域に精通したソムリエともいえる人たちや歴史を知る有識者、伝統文化や観光、工芸、産業に詳しい人を取り混ぜます。発信力がある地元メディア、デザイナー、行政職員、商工会メンバーなども発想には欠かせない人材です。これらの人々が参加して地域振興のネックとなっている「バグ」や長所といえる「エフェクト」探しを行っています。

この「行為のデザイン」でのワークショップは、二つの役割があります。

一つは異なる立場の人たちで同じプロダクトやサービスを眺め、違った視点から問題提起や想像をすることです。デザイナーだけで想像しても良いプロダクトにはなりません。営業には「これなら売れる」という見方があり、技術には「この機能を入れたい」とか

「これは物理的にムリ」という言い分があります。ワークショップは、皆が集まってそういった立場の違いから出てくる意見をすべて共有できる場になるのです。

もう一つの役割は、あまり交流がない異職種の皆さんをシャッフルして、いつでも意見が言える風通しのよい企業風土を作ることです。そのときに人物設定による想像体験が生きてきます。

先ほど「シニア」になり切ることになった女性は、同じように「シニア」の設定を引いた社長と一緒に想像体験を行いました。ワークショップではどんな役職の人でも扱いはフラットです。社長だから意見が通るとか、部長だから逆らえないというルールはありません。その女性も社長と対等な立場で「シニアだったらどうだろう」という想像体験をし、率直に意見交換をしました。

ワークショップでは、新人でも営業のプロとして意見が出せたり、技術のプロとして実情が話せます。こういった忌憚のない意見をどんどん出すワークの一環として、想像体験があるのです。普段はできない想像体験に加えて自由に思いついたことを発言できる雰囲気が、参加する皆さんの想像力をいっそう膨らませているようです。

人物設定で「子ども」になる場合もあります。そんなときは、別の解説を加えてこども心を思い出してもらいます。

二〇〇七年に設立されたNPO法人キッズデザイン協議会には、私がフェローをしている「こどもOS研究会」というのがあります。OSというのはパソコンでいうオペレーティングシステム、システム全体を管理する基本ソフトです。私たちはいつも大人OSで動いていますが、こどもの視点を取り戻すために「こどもOS」を再インストールし商品企画をしてみよう、という活動をしています。大人OSのままで子どもの玩具を作るのはそもそも間違っているのではないか、という問題提起からこのメソッドが生まれました。

こどもOSに戻るためにはこどもらしさの21の基本パターンを学びます。

ここでカードを使って説明するのですが、説明を始めると、皆さんがどんどんこどもだった頃や自分の過去を思い出し、大人OSがこどもOSに入れ替わっていくのがわかります。なぜなら皆さんが「話を聞かない」「落書きを始める」など、本当にこどもっぽいことをしてふざけるような雰囲気ができてくるからです。

「誰かになりきる」というと半分遊びのように感じられるかもしれませんが、この感覚は大切です。想像力を働かせるには面白がる気持ちが欠かせません。面白がったその延長線上に、開発に直結するユーザー心理と「バグ」の気づきや可視化があるのです。

■ 想像のためのストック

この項では想像体験に必要な「ストック＝記憶」について少し話したいと思います。「想像」に関しては、脳にある記憶が重要なカギを握っています。どんな状態で記憶が存在しているのかを表す概念図を考えてみました。私は、記憶というのは図12の漏斗のようなものではないかと捉えています。いわば記憶で人格を形成している漏斗です。

上が現在であり、下へ行くほど過去の記憶です。直径はそのときの記憶の容量を表していますが、外側へ行くほど関心や関連が希薄で記憶も薄いものです。端は無意識に近いかもしれません。

内側へ行くほど情報の密度が高くなり、中心軸はその人の根幹をなしています。中心軸のまわりは記憶が濃く、「いつも気になること」や「いつも考えていること」で構成されていて容易に忘れません。「大会で優勝した」「人に振られた」「ものを盗まれた」というような自分にとって大きな情報が真ん中に来て、時間が経っても忘れない強い記憶として残ります。これが私の考える記憶の構造です。

同じテーマの情報は時空が離れていても関係がつながっています。たとえば、「最近行った沖縄の海」は漏斗の上のほうに記憶され、「三年前に見た新潟の海」は下のほうに記憶されていますが、「海」というタグで関連づけられています。時系列で上下に記憶されつつ、タグづけは時間と関係なく行われているイメージです。

日常生活で、たまに記憶が重なってわからなくなることがありませんか。「彼氏とイタリアンを食べに行った」という事実があるのに、いろんな人とイタリアンを食べたので誰と行ったのか覚えていない、というケースがそれです。これは「イタリアン」というタグが軸になっているので、入れ替わっている「人」がよくわからなくなっているのです。

もちろん「彼氏」というタグもあり、その周りに「沖縄の海」や「イタリアン」という情報がヒモづけされているのですが、その人にとって店や料理などの印象で「イタリアン」というタグが記憶の中で強ければ「彼氏」が出てこないかもしれません。

図12 記憶の構造（タイプ1）

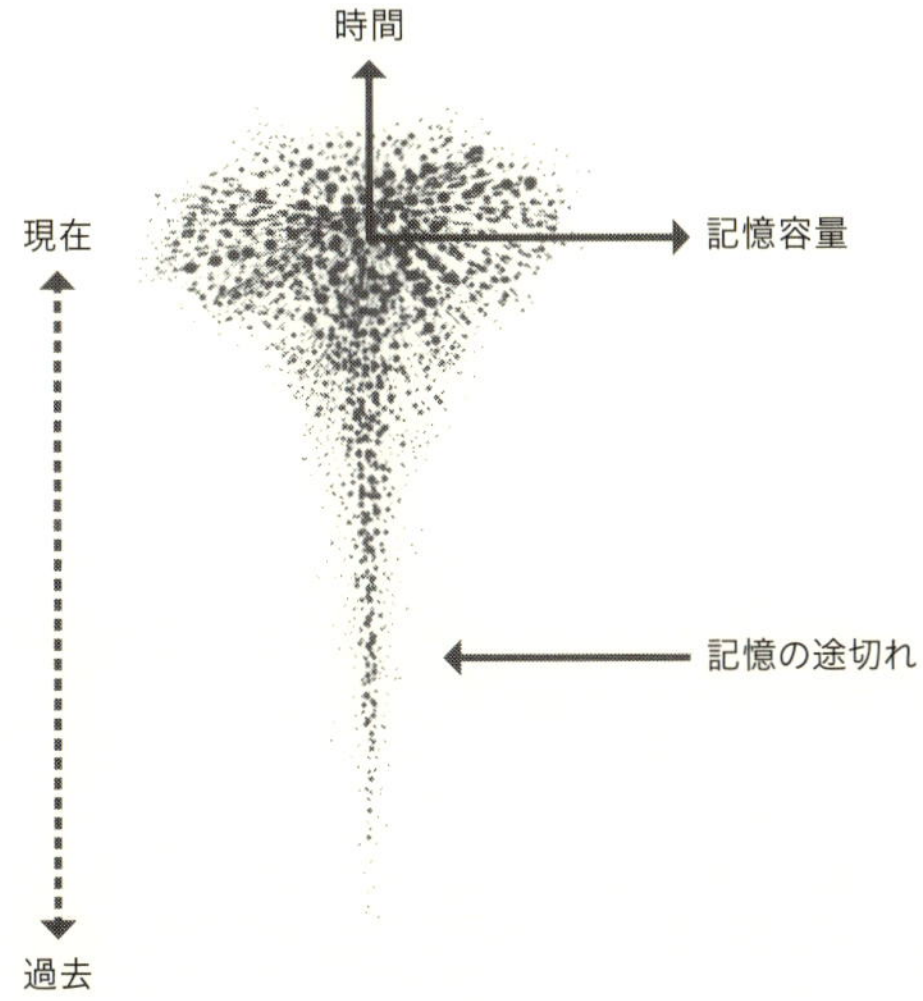

仕分けされていても、思いの強さで引き出され方が変わるのです。

情報が外界から入ってくると、頭の中ではたくさんのタグが反応します。この情報に関連すると思ったタグが勝手に引き出されてくるわけです。このタグのリンクからソリューションが生まれてくるのが「人間の頭でモノを考える」ということです。

もしこのタグが少ないと、外から情報が来てもあまり反応できません。タグが多く、「関連する」と思う軸が多いほど反応の数が増え、新しい思いつきと過去の記憶とが結びついてソリューションが生まれやすくなります。

想像体験は、外界からの一次情報がないところで考えるものです。

たとえば「力士」という人物設定が割り当てられたとしても「力士の経験がある、入門したことがある」という人は一次情報から得た記憶が使えます。しかし、経験がない人はテレビや雑誌で見かけた力士のような二次情報から想像しなければいけません。

もし「フランス人になれ」と言われたなら、フランスに行ったりいろんな情報を見聞きしていれば想像ができます。「アルメニア人になれ」と言われて、アルメニアに友達がいたり行ったことがある人なら想像ができますが、そうでないと少し難しいかもしれません。

持っている情報から想像して、擬似的にその空間へ自分を置くことが想像体験です。想像体験は、記憶のタグが多い人ほど有利なのはわかるでしょう。想像体験を豊かにするためには記憶のタグを普段から増やしておいたほうがよいのです。

先ほどの漏斗でたとえてみましょう。図12で表したように、普通、タイプ1のように人間は現在の記憶が一番多いわけです。現在の漏斗の直径が太く大きい状態です。

図13のタイプ2のように、人によっては現在より途中が太い場合があります。それは

図13 生き様と記憶の相関

「あのときの自分が一番良かった」と過去の体験を大切にしてふり返ってばかりの人です。回想型の記憶構造だといえます。

タイプ3は漏斗が全体的に細い状態です。これは毎日ずっと同じことをくり返していて新しい経験やチャレンジをほとんどしない姿です。知らないことに触れない、人と話しても幅がないという人は現在も広がりが少なく、小さくなっています。

タイプ4はもっとも想像体験が得意な人ではないかと考えます。もちろん現在が強いのですが、過去にもいびつに密なところがあります。雲が重なっているようにいろんな時期にいろんな強い記憶があり、漏斗の太さを保っています。たとえば学生時代はヨット部の練習に打ち込んだとか、パン屋で働いたことがあるとか、牧場で馬に乗っていたとか、一人の記憶の中にさまざまな濃い記憶が残っている状態です。
この人はどんな情報が来てもいろんな過去のタグから想像体験ができるので、ビジネスで成功します。たとえ失敗しても、経験を生かして結果的には成功する人なのです。もちろんデザインプロセスで事前にソリューションが求められても、過去に蓄積したタグを駆使して情報を組み合わせ、想像することができるので、的確な判断ができるのです。

おそらくこの人の「海」というタグにはヨット部の経験から得た情報が鈴なりになっているはずです。「凪《な》いでいる海」もあれば「台風が来る前の海」もあるかもしれません。「湘南の海」と「白浜の海」の違いなども知っています。
これらの記憶を強く持っていると、「海」というタグ以外にもさまざまな情報とヒモづけされるメリットがあります。「白浜の海」の記憶が「東京から和歌山への移動」や「そのとき食べた名産品」とセットになっていたら、「和歌山」というタグでも記憶が生きるからです。漏斗のいろんな場所で想像を助ける経験が記憶となって蓄積されているのです。

想像体験への効果を考えると、記憶の漏斗は過去から現在にかけてすべて太く濃いのがベストですが、人間が過去を現在と同じくらい覚えているのは不可能です。ではどのように記憶の漏斗を強化すればよいのでしょうか。

私は方法が三つあると考えます。

一つ目は、ところどころが濃くなっている「バランスの悪い」漏斗をめざすことです。まさにタイプ4の漏斗がそれです。

短い時期でも密度の濃い経験をして専門性を高めておくと、情報が想像を助けてくれます。経験が多ければ想像した先がどうなるのか予想が立てやすく、失敗が減ります。経験するなら新しい分野や珍しいチャレンジのほうが情報の価値が高まります。

二つ目は広く浅くでも知識を蓄えることです。

特にデザインの分野は、アパレル、グラフィック、情報、環境、プロダクトなど分かれすぎている傾向がありますが、人の行為や心理を想像するためにはこのボーダーを意識的に取り去り、多種多様なアイデアの種を取り入れている人が有利です。機会を作って意識的にいろんな分野に触れると世界が広がっていきます。デザインをめざしている人でも販売や貿易、法律をかじってみてもいいでしょう。仕事で論理的思考の時間が長い人なら、逆にビジュアルの世界を覗いてみれば新鮮に感じるはずです。深く理解できなかったとしても「こんな要素があるのか」と知るだけでも発想力が変わります。

三つ目は、自然に触れる機会を積極的に作ることです。この体験を記憶に取り込むと、「心地よさ」の加減や「一見無駄に思える回り道」を行為に取り込む豊かさを理解しやすくなります。

たとえば少しくねった歩道や、ていねいにお茶を入れるときに費やされる時間は無駄だと思いますか。着信音などの電子音はうるさく感じても、川のせせらぎの音をうるさいとは思わないでしょう。エアコンの風より窓から入る風が好きではないですか。

涼しい風が通る木漏れ日の下や靴を脱いで歩く砂浜などは、触覚で自然を受け止めて生理的に「心地よさ」を感じるはずです。私たちの根底に「自然」という答えがあるのに、それを人とプロダクトとの関係へ応用しないのは、もったいない話です。人の行動原理ともいうべき「ここち」はデザインの観点から不可欠だからです。この加減をコントロールすれば新しいプロダクトやサービスに生かせますが、自然の中での体験をくり返し、ストックしなければ学べない要素でもあります。

子どもたちは、水場があると走って行って、靴を脱いで素足で水に触れたがります。穴があれば入り、高いところがあれば登ってみます。大人なら触れなくても試さなくてもわかっているところを体験しようとするのです。

この体験は発想や想像力、デザインにも通じ、人生をも豊かにしてくれる大切なストックになります。しかし「汚い」「危ない」と親が制止するケースが増えてきたようです。子どもたちの学びの機会が将来に及ぼす影響という観点からも、これは残念な傾向だと思います。

記憶の漏斗が縮んでしまうと、想像体験だけでなくソリューションや発想という面でも縮んでいきます。それを防ぐのがリアルでの体験です。身を以て知ると、五感と感情がアンテナを総動員して記憶の漏斗にいろんな情報を貯められます。

経験と記憶を意図的に増やし、自分の中でタグづけと分類をどんどん行っていく。くり返せば想像体験を助ける大きなリソースになります。

■ ダブルメジャーをめざす

想像体験のためには記憶の漏斗を太く広く、できれば密度が濃い部分を何カ所も持てるようにするのが大切だと述べました。

濃い専門性を複数持つ方法として、ダブルメジャーという考え方があります。ダブルメジャーとは、二つの専攻で学位を取ることです。海外の大学ではすでにダブルメジャーの選択ができるようになっています。

たとえばデザイン関連の学部に所属している学生でも、法学や医学を学べます。デザインと法律は決して無関係ではありません。近年は知的財産権や著作権といった知識が求められ、両方の分野に精通していれば他のデザイナーと差別化できます。

医療分野に詳しいデザイナーになれば、医療機器のプロダクトデザインに現場の知識を取り入れられます。医療だけ詳しい人とデザインだけ詳しい人をつなぐ役割も果たせるかもしれません。逆もまた然りです。

以前、授業の中で五〇人の学生に課題を出したところ、同じ答えが五個くらい出てきました。一〇人に一人が同じ回答、同じデザインを出してくるのです。高い競争率を勝ち抜いてきたはずが、同じような専門性をめざしているために行動が似通った集合体になっているという証左でした。同じ目的を持って学校周辺に住み、同じ環境で同じ学食を食べて同じ課題をこなすために、同じ答えに行き着いてしまうのです。

新しいものを生み出すために大事なのは、個人ならではの経験と発想です。必ず何人かが同じ発想に固まってしまうということはクリエイティブな仕事をめざす学生にとってゆゆしきことです。

大学ではデザインを学ぶ人がデザインの専門家になるのは当たり前として、もう一つまったく違う分野でも専門家になることを勧めています。料理を学んでコックになっても、体を鍛えてボクサーになるのでも構いません。デザインと掛け合わせたときに「この掛け算は人にはできない、この分野なら任せてくれ」と言える状態にするためです。

もしフライパンのデザインを依頼するとしたら、著名なデザイナーと著名な料理人のどちらに頼みますか。美しいけれど料理に向いていないデザインと、ビジュアルに難があっても実務に即したデザインの二者択一になりがちです。しかしダブルメジャーのデザイナーがいたらどうでしょうか。「料理にも精通したデザイナー」であれば、美しく機能的なデザインが生まれてくるはずです。

私自身、大学では物理を学び、就職時にデザインという仕事を選びました。

デザイナーになるなら美術系の学部や専門学校を出るのが当たり前、という状況だったので、当時は異端扱いされました。

しかし物理で学んだ素材の知識や物事をロジカルに洞察する姿勢はデザインに役立ちますし、製造工程についても専門的な見地から意見を出すことができます。

特に企業内では技術的なプロダクトほど従来のデザイナーは口を挟めなくなり、技術とデザインの対立に発展してしまうケースをたくさん見てきました。そこで技術的に納得できるユーザー心理や構造をロジカルに説明すると、一気に解決することが少なくありません。感覚ではなく、物理的、論理的な視点から言語を組み立て、伝えられるからです。

私自身は物理系の落ちこぼれだと思っていたのですが、今は異端だからこそ得られた経験によって、デザイナーとしての独自性ができたと感じます。

■ 誰の目線で観察するか

「人」「時空」「目的」を入れ替えてシチュエーションを思い描くのが想像体験だと述べました。特に「人」が変わると手段や「バグ」がまったく違うものになります。

企業で行うワークショップでは、人物設定に気をつける必要があります。たとえばベビーカーの改良を考えるなら、ユーザーの設定に「力士」はいらないでしょう。なぜならプロダクトの周囲で該当するユーザーとしては非常にマイノリティだからです。考えるのはベビーカーを押す可能性が高い人、「お父さん」「お母さん」や「おじいさん」「おばあさん」など、常にマジョリティの切り口です。

人物はもれなく設定すればよいものではありません。マイノリティの人物設定は本来めざしているマジョリティのプロダクトとかけ離れてしまうだけでなく、ワークショップや取りまとめの時間をムダに使ってしまいます。

カードに書き込む人物設定は「このプロダクトを使うために関わる可能性があるのは誰か」という目線で考えます。この場合、設定はユーザーに限りません。関わる人たちはすべて、つまりステークホルダーを抽出するのです。

たとえば、開発する技術者や、完成したプロダクトを運ぶ物流業者、ユーザーに販売する店舗スタッフなどもプロダクトに大いに関わる人物です。

人物設定にユーザーだけを取り入れてユーザーが使いやすいプロダクトになったとしても、ユーザーに届くまでの時間と行為が必ず存在します。そこで動く人々についても考慮しなければいけません。せっかくプロダクトが魅力的でも、店舗に並べにくい形状であったり、商品名が見にくい箱を使っていると、現場でのスムーズな陳列や配送は難しいでしょう。やはり行為を妨げる「バグ」を生んでしまいます。

必要なステークホルダーは、上流から下流までの時系列を想像して発見する方法のほか、シーンには必ず複数の人が同時に関わるという視点があると見つけやすくなります。

ユーザーが店に買いに行くシーンなら、買い手のユーザーと売り手の店員という二者が必ずいます。店員の視点に立っても、店員とメーカーの販促指導者、店員と配送業者など、いろんな二者が存在します。

瞬時に誰かの視点を見立てる習慣が身につくと、いろんな場面での「相手」が想像できるようになります。発想の瞬発力は「行為のデザイン」に役立ちます。

■想像体験から「バグ」と「エフェクト」を見つける

想像体験をすると、時間軸に沿ってユーザーがどんな行動をとるか、どんなインターフェイスが存在するかが見えてきます。そして同時に「使いにくい」「わかりにくい」という心理や、行為を止めてしまう「バグ」が見つかります。

これまでは「バグ」を主に見ていましたが、想像体験では「使ったら楽しい」「ここが便利」という良いポイント、いわゆる「エフェクト」も見つかります。

デザインでは「バグ」を解決し、「エフェクト」を生かすようにすればよいのです。


ここで少し「エフェクト」の例を考えてみます。

この本は四六判という大きさですが、これは出版業界にとってよくある大きさであると同時に、書店員さんが棚に収めやすい判型です。

もし個性を出そうと思って他の本より縦が長かったり横幅がある本にすると、並べる書店員さんも輸送する業者さんも扱いづらいかもしれません。また、四六判は同じサイズの売れ筋の本と隣り合わせに置かれる可能性が高まります。この本にとって四六判は「エフェクト」の一つなのです。

この場合、有利な条件である「エフェクト」を変えずに装丁などを考えていくのがデザインのプロセスになります。

カードに置きかえるなら、「人」の欄に「書店員」「輸送業者」を置き、「目的」はそれぞれ「この本を読者へ売る」「この本を書店へ運ぶ」を設定して考えたことになります。設定したシーンに合わせて時間軸に沿って行為を追い、想像体験をした結果、四六判という判型はこの本にとって「エフェクト」ということになりました。

ただし、これは私一人の想像体験で見つけたことではありません。本作りのプロである編集者さんたちと一緒に考えてわかった「エフェクト」です。ワークショップの効用と同じなのですが、異なる立場からそれぞれ本というプロダクトを見たので、出てきた意見だったのです。

企業のワークショップでも、営業から売るためのアイデアを話すとその場で技術者から「こんな方法はどうだろう」と具体案が出て、深い議論に進むことがあります。カードは「バグ」以外にもいろんな気づきを生み出すきっかけになるといえます。

■　形を作る前にできることが、たくさんある

「デザイン」と銘打った本の第一章が終わるところですが、私はまだ、いわゆる色や形を

扱うデザインについては一言も説明していません。
それだけ、ビジュアルデザインの前に想像できることがあるのです。「行為のデザイン」を経ると、プロダクトやサービスはムダなものが削ぎ落とされたシンプルな状態になります。

なぜなら、さまざまな立場からユーザーの行為を細かく検証しているので「本当に必要なもの」がわかり、ユーザーを惹きつけるための過剰な装飾が不要になるからです。
行為の目的にかなったプロダクトやサービスならシンプルなものでも必ずユーザーが支持してくれます。過去にもたくさん例があります。

たとえば、ドイツとオーストリアの家具デザイナーであるミヒャエル・トーネットは一九世紀に活躍した人です。彼がデザインした椅子「No.14」は今も世界中で愛され、大切に使われています。それは流行に流されないシンプルなデザインと「座りやすさ」「作りやすさ」を兼ね備えた、魅力的なプロダクトだからです。彼の椅子は輸送方法や接合技術にも工夫があり、自然材や温室効果ガスに配慮したカーボンオフセットを取り入れた、社会的にも価値のあるものです。

椅子でいえばオランダの建築家・デザイナーであるヘリット・リートフェルトも有名です。トーネットとは対照的に直線を生かしたデザインが特徴ですが、シンプルで飽きがこないプロダクトの代表ともいえます。

彼らの作品は椅子の歴史を語るときに必ず出てきます。人は亡くなっていますがプロダクトが生きているのです。

ユーザーの行為を検証していった結果、プロダクトが要らなくなったという例もあります。これも「行為のデザイン」の一つの形です。

それはドイツ・ベルリンのスーパー「Original Unverpackt」で実施されています。店名の邦訳が「オリジナル無包装」と聞けばピンとくる方がいるかもしれません。食材からシャンプーまで量り売りをし、客が持参した容器に入れるという完全無包装を実現しています。創業者は「包装を一切省くスーパー」というアイデアをクラウドファンディングサイトで公開し、資金を募りました。この店はコンセプトが素晴らしいだけでなく、ガラス容器の並びもきれいで、コンセプトとビジュアルの美しさを両立しています。

私は、人の一生を超えて愛されるプロダクトやサービスには「サムシング・インサイド

（Something inside）」が宿っていると考えています。「サムシング・インサイド」とは、精神的なもの、感情的なものなど、人間に影響する魅力や、最後に残る根幹のことです。物理的な原理で効率を求めていては辿り着けない要素です。

「行為のデザイン」ではバグだけでなくプロダクトやサービスの良さや価値も見つかります。それは、プロダクトやサービスを細かく検証しているうちに、どの人からも良いと評価される「核」が抽出されるからです。いわば「サムシング・インサイド」のタネであり、これらを形やコンセプトに組み込めば、競合他社とは比較できない作り手の理念や感性が織り込まれ、真の強さを持ったプロダクトやサービスが生まれます。

本来、「サムシング・インサイド」はどのプロダクトやサービスでも表出させるべきものです。「行為のデザイン」はそれを発掘し、コンセプトに織り込み、見えるよう、デザインするプロセスでもあります。

第2章

バグの種類とその解決法

■ バグを解決する「ソリューションデザイン」

想像体験を経ると、既存のプロダクトやサービスを使う際に「この人にとっては使いにくい」「この状況下ではユーザーが不便だ」といくつものバグがあることに気づきます。

バグは行為が滑らかに進むのを止める、ユーザーにとって邪魔な存在です。しかし気づいて解消すれば、形や色だけではないソリューションデザインという魅力を作り出せます。

バグは八種類にパターン化でき、それぞれソリューションが考えられます。

ここではバグの種類を紹介しながら、バグを解決したいくつかのプロダクトとその視点を見ていきます。私たちが想像体験で見つけたバグもどれかに当てはまります。

八つの基本的なバグの性質を理解すれば同様の課題や解決策を見つけやすく、企画立案への早道になるでしょう。

⇆ 1 — 矛盾のバグ（コントラディクション・バグ）

これは、目的を果たすために施したデザインによって反対の効果が出てしまい、結局目的を果たせなくなってしまうバグです。

ｉＰｈｏｎｅは世界中に広まったモバイルツールの一つです。アップル社の製品はもともとデザインと美しさが重視され、材質やパーツ構成を含めて形状が細かく計算されています。しかし、ｉＰｈｏｎｅを裸で持つ人はあまりいません。せっかくのデザインなのに「傷をつけたくないから」とカバーをつけて使い、美しい姿を見るのは買ったときだけという人がほとんどなのです。これも実は矛盾のバグになります。

目的のためにしたことが裏目に出ている、そんな矛盾の事例はほかにもあります。たとえば昔、飲食店で見かけたハエ取り紙もそうです。本来はハエのいない清潔な店内にしたいと考えるから置くものですが、ハエ取り紙がむき出しに吊されていては捕まえた虫がずっとユーザーの目に触れます。すると、かえって気持ちのよい空間ではなくなってしまうのです。

また、大きなバッグ内がごちゃごちゃになるのを防ぐためにバッグの中に入れて持ち物を整頓する「バッグインバッグ」がありますが、これもポケットが多すぎたり容量が大きすぎると、結局物がどこにあるのかわからなくなるバグが生まれます。

日常の動きを一度見直すと、少し使いづらくても「こういうものだ」とバグの感覚を封印して使い続けている行為が数多くあります。矛盾のバグはその中でも見つけやすいジャンルと言えます。

風光明媚な場所なのに無粋なサイン

美しい観光名所だからこそ汚してほしくない、観光客にはきれいに使ってほしい。その思いが矛盾のバグとなってしまうのが、観光地にあるサインの数々です。「ゴミを捨てないでください」「景観を保ちましょう」などのサインはいろんなところで見かけますが、デザインという観点で考えると、そのサイン自体が美しさを壊しています。

きれいだから写真に残したいと考えても、カメラアングルの一番良いポジションで看板やご当地キャラが入り込んでいるケースが少なくありません。

美しい場所にある無粋なサインは美のバランスを崩し、せっかくの場所がそのせいで美しくないように感じられて、かえってチラシが貼られたり、ポイ捨てなどが横行します。求める効果とは反対の事象が起きてしまうのです。

図14 カメラアングルのベストポジションに入ってしまうご当地キャラ

その場所全体の美しさを大切にしている観光地は必要なサインと景観が計算されています。目に入るのは、景色の邪魔をしない、存在自体が景色の価値を引き立てるようなサインです。これならメッセージを観光客にうまく届けられます。

人を怖がらせてしまう点滴スタンド

点滴スタンドは患者の治療をするためにあり、本来なら患者を安心させる存在です。しかし従来の点滴スタンドは点滴ボトルが直に見えたり、ステンレスの無機質さが冷たく感じられるなど、むしろ患者を不安にさせる要素が多くありました。これは矛盾のバグです。

看護師の山本典子さんは、現場での経験をもとに医療機器に足りない気づきを商品化する会社、株式会社メディディア　医療デザイン研究所を立ち上げました。そこからデザイン依頼を受け、生まれたのが点滴スタンド「feel」です。

材質を木製に替え、北欧家具のようなインテリア性を備えています。子どもと一緒に移動する際、サポートできる円形の持ち手やバッグを掛けられるフックなどが、手がふさがる患者の行為を想定してつけられています。

子どもが点滴ボトルに不安感を抱かないように、かわいいアイコン黒板で覆うなど、「医療器具は、機能だけでなくポジティブな環境作りにも貢献するべき」という「サムシング・インサイド」を核にして、さまざまな賞を受賞したプロダクトとなりました。

2　迷いのバグ（パープレキシティ・バグ）

目的に向かって行動しようとしているのに、迷いが生まれて動きが止まってしまう、または逆戻りしてしまうのが迷いのバグです。

第1章で書いたように「その行為が流れるように行われる」のが美しい行為であり、私

図15 点滴スタンドのbefore after（feel）

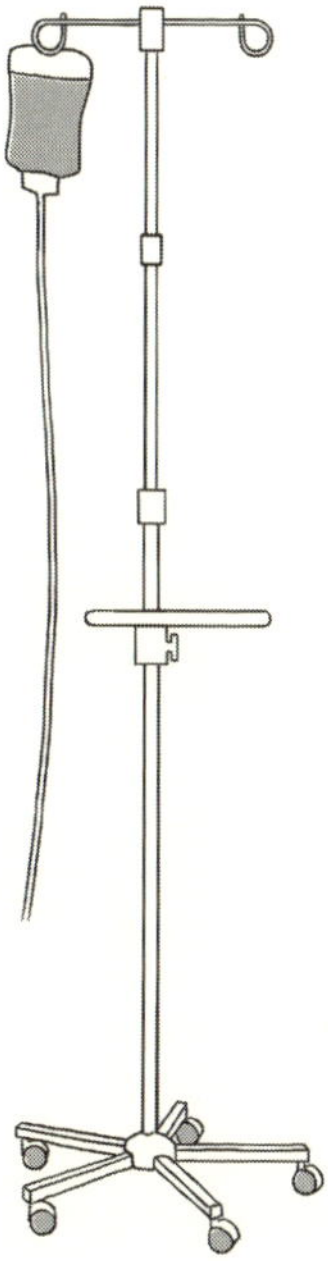

治療をするためのもの

↓

効率だけを考え、
心理状態が考慮されていない

↓

点滴中にネガティブな
心理状態に

矛盾のバグ

メンタリティケアという解決

木のやさしさ、「落書き」が患者に生きる力を与える

たちがめざすデザインです。迷いのバグがあると行為の美しさは途切れ、損なわれます。

多くの人が出会うバグに、エレベーターの開閉ボタンがあります。私たちはドアが閉まりそうなときに誰かが乗ろうとするのを見ると、あわてて「開」ボタンを押します。しかしエレベーターによって開閉ボタンの位置が逆だったり、開閉の文字が一瞬読み取れずに迷ったりして、うっかり「閉」ボタンを押してしまう場合があります。特に漢字になじみのない外国人や、弱視の人には同じ文字に見えるかもしれません。

漢字の代わりに▲で開閉を示すボタンはさらに迷いを生じさせています。一見すると内側に角が向く「閉」のサインのほうが空間が広く見え、開いているように感じてしまうからです。こういったバグはきれいなフォントやレイアウト、美しいピクトグラムとは違う次元の問題だということがわかると思います。本来は、デザイナーの仕事でこういった迷いのバグはなくすべきなのです。

そこで以前、学生に「エレベーターのボタンデザインを考えよう」と課題を出して、みんなでアイデアを出し合ったことがあります。

出されたデザインに学生が投票して圧倒的な一位に輝いたものがありました。それは目と口で表現された顔がベースになっていて、「開」は「口がパカッと開いている顔」、「閉」は「口がギュッと閉じられている顔」なのです。開閉の概念が子どもにも伝わるデザインで、アイコンのシンプルさを持ちながら温かみが感じられるのです。

迷いをなくす、というねらいであれば、「扉」という元のプロダクトの常識や形状にこだわらなくても目的が果たせます。この学生のデザインはありがちな壁を打ち破って評価を集めた好例でした。

ビニール傘にも迷いのバグが発生します。傘立てに入っているとどれも同じで、自分の傘がわからなくなります。そこであるプロジェクトで考えたのはビニール傘のカスタマイズでした。手頃な値段でもビニール部と持ち手のデザインを選ぶことができるようにし、同じ組み合わせに出会わないくらいの組み合せで展開させるのです。これも解決法の一つです。

使えなくなるパーティ会場のグラス

立食パーティなどでグラスを受け取って、ずっと持ち続けている人は少ないでしょう。しかし一度テーブルに置いてしまうと、自分のグラスがわからなくなります。

図16 使えなくなるパーティ会場のグラス

予備のグラスは準備されていますが、そのたびに新しいグラスを持ってくるとテーブルの上は持ち主がわからないグラスだらけになってしまいます。

このバグを解消するために生まれたのはマーキングするためのプロダクト、グラスマーカーです。グラスの目印になるアイテムをつければ、すぐに「自分のグラス」と認識できます。そもそも、すべてが同じカタチのグラスである必要はないのです。

ヨーロッパのパーティで見たのは、受付時に吸盤でくっつくキャラクターマーカーを配布する方法でした。吸盤はしっかりとガラス面につくので、グ

図17 行かないとわからない、エスカレーターの向き

ラスを見失うことがありません。一二種類ほど、色とりどりの小さな吸盤付きキャラクターが選べました。

迷わせないために、視認性が高いアイテムを付属させる、アイテムにもバリエーションを出して楽しませる、というのがこのバグの代表的なソリューションです。

行かないとわからない、エスカレーターの向き

ショッピングセンターや駅の構内で「上に上がろう」とエスカレーターに近づいたら上階からの「下り」だった、という失敗はありませんか。

遠目でエスカレーターが見えていて

も、機械の前へ行かないとどちらの方向へ動いているのか確認できないことがあります。これもユーザーが進もうとする流れを止めてしまう迷いのバグです。

やはりエスカレーターの設置を考える際にユーザーの動線と行為を一つずつ確認して、行為が流れるよう工夫する必要があります。建物のどこで、どんなときに、ユーザーはエスカレーターの存在を探すのでしょうか。そのとき、どんな行動をするのでしょうか。どこで迷い、どんな案内があれば迷わずにすむのでしょうか。これらを見越してデザインしなければいけません。

迷いやすい場所でも遠くからわかるように視認性が高いピクトグラムをつければ、ユーザーがわざわざ目の前まで来て逆戻りするような迷いのバグはなくなります。

3 — 混乱のバグ（カオス・バグ）

コトやモノの数が多すぎて混乱を招き、見た目にも美しくない状態になるのが混乱のバグです。その原因は優先順位（プライオリティ）の欠如や規則性の不足です。

webで興味があるサイトを見つけると「お気に入り」に入れますが、その数が増えてくるとカオスになり、読みたいときに探し出せないバグになります。この解決のためには「お気に入り」に一定の規則性を与えると効果的です。

このほか、見えないタイプのバグもあります。

地元のバスに乗るとひっきりなしにアナウンスが続くのですが、これもカオスのバグです。私がよく乗る路線では各停留所で「天ぷらの○○屋には次の停車口が便利です」「進学の名門、学習塾○○には次でお降りください」などスポンサーの宣伝があり、その合間に「防災月間なので火の元に注意しましょう」「足元にお気をつけください」「手すりをお持ちください」「席を譲りましょう」などさまざまな案内が入ります。ずっとアナウンスされ通しなので何が大事なのかさっぱり伝わってきません。むしろ迷惑に感じて宣伝効果があるのか疑問に思うほどです。

たとえばドイツでは車内放送がかなり控えめで、次の駅名を停まる直前にポッと告げるだけ、駅によっては音楽が短く鳴っておしまいです。安全面の告知がないのは「自己責任」が国民性として浸透しているからでしょう。海外ではこちらのほうが当たり前です。日本に旅行に来た外国の人は車内アナウンスを聞いて「何を言っているかわからないけれど大事な情報なのか。理解していない自分は大丈夫なのか」と不安になるといいます。

空港などでは英語に訳されるので状況を伝えられますが、電車やバスでは日本語だけの案内がほとんどです。訳したとしても「お子様は手をつないでお降りください」「優先席では携帯電話をご遠慮ください」といった内容です。これは余計にカオスのバグを生み出しているのではないでしょうか。ここでも規則性と制限を設けるのが有効です。

コンセント周りがごちゃごちゃ

エジソンが電球を開発した3年後、ニューヨークにエジソン・ゼネラル・エレクトリック・カンパニーが設立され、一八八二年に電気供給が始まっています。日本では大正九年に電灯ソケットが登場し、分岐ソケット、壁付けのコンセントへと進化してきました。当時の三種の神器からは比較にならないほど増えた電化製品。今やコンセントに直接差すDCアダプターが多様になり、穴数とスペースが足らない状況が起こっています。しかし、コンセントのカタチは今も変わらないために、さまざまなバグが起こっているのです。そ

図18 コンセントのbefore after（node）

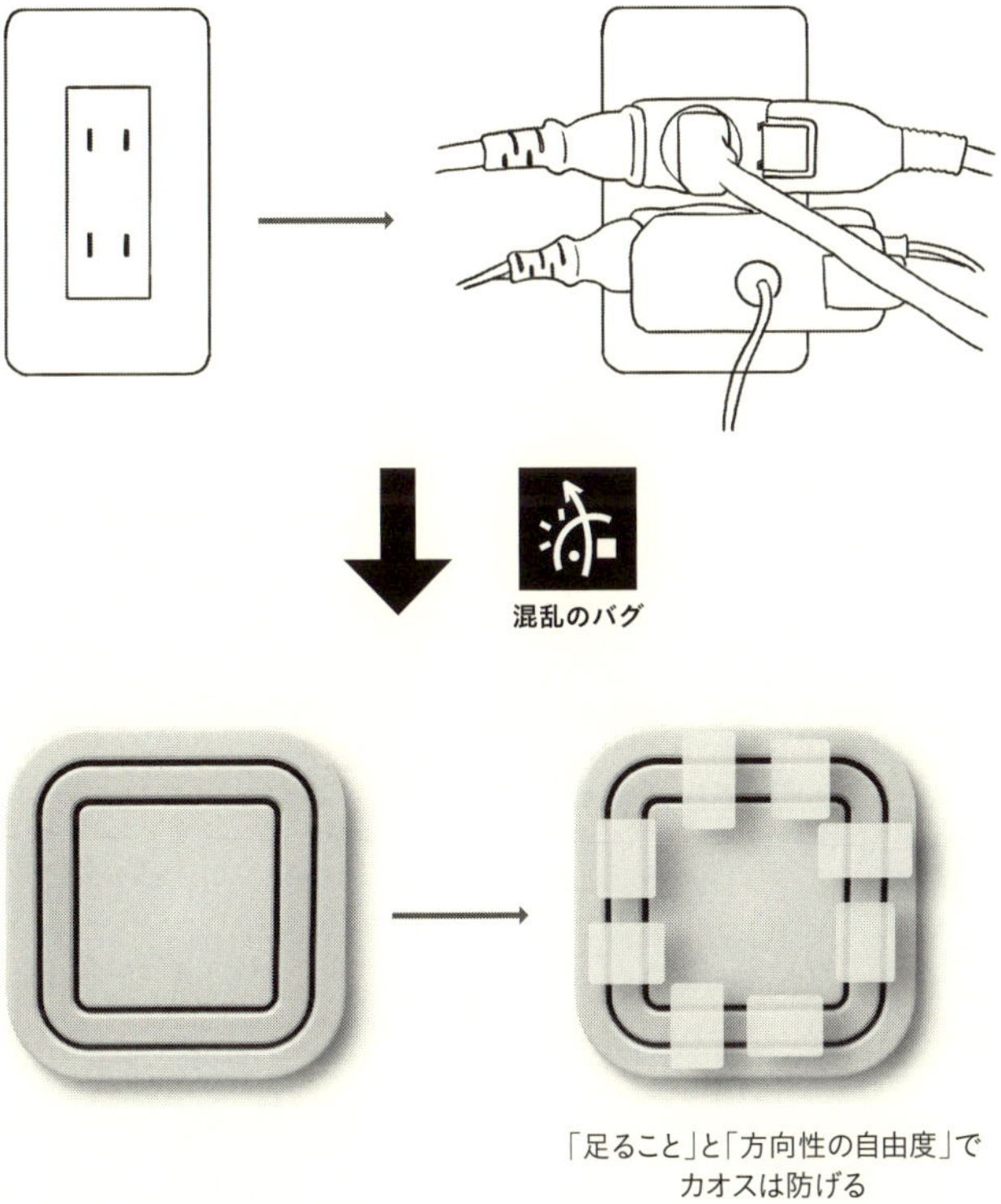
混乱のバグ
「足ること」と「方向性の自由度」で
カオスは防げる

こで、いくつも差せる電源タップや延長コードを使う人は多いのではないでしょうか。ただ、いくつもプラグを差し込むとコードが縦横に重なって見映えが悪く、安全面でもよくありません。プラグと壁の間が空くと埃がたまり火災にもつながります。これは多すぎるプラグの数と、規則性のないバラバラな配置によって壁面に生まれるカオスです。

そこで考えたのが「ｎｏｄｅ」でした。あるテレビ番組のウェブ投票でも「実用化してほしいアイデア」の1位をとったほどなので、昔から潜在的なニーズがあったと思われます。

常識とされてきた二穴というアイコンから脱皮し、八つの差し込み口をライン状に配置しました。プラグの形状や伸ばしたい方向に合わせて差し込めるので、アダプターやプラグがカオス化するのを避けられます。プラグは四角く取られたラインに沿って並ぶので、差し込むだけで整頓されたイメージが作られます。また、どのプラグがどこにあるのか一目でわかるので「プラグを抜き差しする」という行為の流れもスムーズになります。

収納に困るマグカップ

マグカップは、大ぶりでたくさん入り、ティーカップやコーヒーカップに比べて取っ手

図19 マグカップのbefore after（stamug）

重ねられず、無造作に広がるマグカップ

混乱のバグ

飲みやすさとスタッキング性能を合せた形

が掴みやすいので重宝します。しかし、ストレートな円筒形が多いため重ねることができず、底面積×個数、さらに取っ手のスペースが必要で収納に場所をとってしまいます。数があるほどこの悩みが深いのではないでしょうか。

棚がマグカップだらけというカオスを解消するのが「ｓｔａｍｕｇ」です。熱いものを入れても持ちやすいマグカップとしての基本機能は確保し、加えて、見た目で楽しいデザイン性と重ねてしまえるスタッキング機能を一つのプロダクト上で両立させました。円錐形に先を細めた形状は、美しい飲み方やかき混ぜができるよう配慮されています。これはティーカップを使うときに生まれる美しさを取り入れたものです。もちろん、一個でも成立するラインの美しさと、重ねたときの美しさも計算されています。大型マグにありがちな、洗うときに指が届かないバグも解消しました。

人は重ねられるものがあると重ねたくなります。片づけたくなる心理を作り出すのもデザインの効果だといえるでしょう。

4 ― 負環《ふかん》のバグ（ネガティブスパイラル・バグ）

バグになる理由があるのに解決せずにいると、さらなるバグが生まれて悪循環に陥ることがあります。これが負環のバグです。

開発に力を入れていないプロダクトはやはりデザインや使い勝手で劣っていたり安い材質を使っていたりするので、安価な量産型になっていきます。価格優先の商品を買ったユーザーは思い入れが少なく、使いづらくても「こんなものか」とあきらめているケースが非常に多くなります。

このような場合、購買の動機となるのは「価格と最低限の機能」であり「デザインと魅力的な機能」ではありません。

メーカーもこれ以上開発コストをかけては価格競争に追随できないと思い込むので、画期的な開発は行われません。そこで「魅力はないがダラダラ使われる」ような、負のスパイラルができていくのです。

解消するためには、どこかでこの「負」を断ち切る必要があります。負のスパイラルを止めれば今までとは違うパラダイムシフトが起こります。新しい商圏や社会的価値が見出され、結果的に商機を得て売れるプロダクトやサービスに変貌します。

たとえば夏の都心部のヒートアイランド現象は負環のバグを引き起しています。

夏は暑いのでみんながクーラーをつけます。しかしクーラーをつけると室外機から熱風が出て、外気温はますます上昇します。気温が上昇すると人々はさらに涼しくしたいと考えるので、もっとクーラーの使用を増やします。すると室外機の熱風がさらに増えます。

本当は涼しくしたいから使っているはずなのに、排熱処理ができていないというバグが放置されているためにさらにバグが生まれているのです。東京都環境局によれば過去百年で東京都の平均気温が約三度上昇しています。日最低気温が二十五度より下がらない熱帯夜はこのヒートアイランド現象に起因すると言われています。その原因は、緑地や水面面積の減少、コンクリート面積の増加、ビルによる風通しの悪化、そして自動車や室外機からの排熱などです。

そこで室外機の熱で水を温めるヒートポンプなど、熱交換の研究開発が始まりました。実現すれば室外機からの風は外気温と同じになって暑さが増すことはなくなり、お湯を沸かすためのエネルギーを代替できて効率的です。ここで負を断ち切ることができるのです。

負環のバグは、タクシー料金でも発生しています。日本のタクシー料金は世界でも有数の高さですが、それは利用者が少ないからこそ高めに設定しなければいけない側面があります。

しかし、高額ではタクシーを利用する人が減ります。減るからまた高額になり、利用者がさらに減るでしょう。これはどこかで「高い」または「利用者が少ない」というバグを断ち切って解決しなければいけない事例です。

離れた場所から持ってくる脚立

高いところにある物を取りたいとき、高いところで作業をしたいときなど、日常で脚立が登場する機会は少なくありません。しかし、どこか「脚立をわざわざ出すのは面倒」という気持ちや「出さなければいけないなら、この作業は後回しにしよう」という消極的な思いはありませんか。

必要な場面があり、そのためのプロダクトを持っているのに使われない。これはユーザ

図20 脚立のbefore after（lucano）

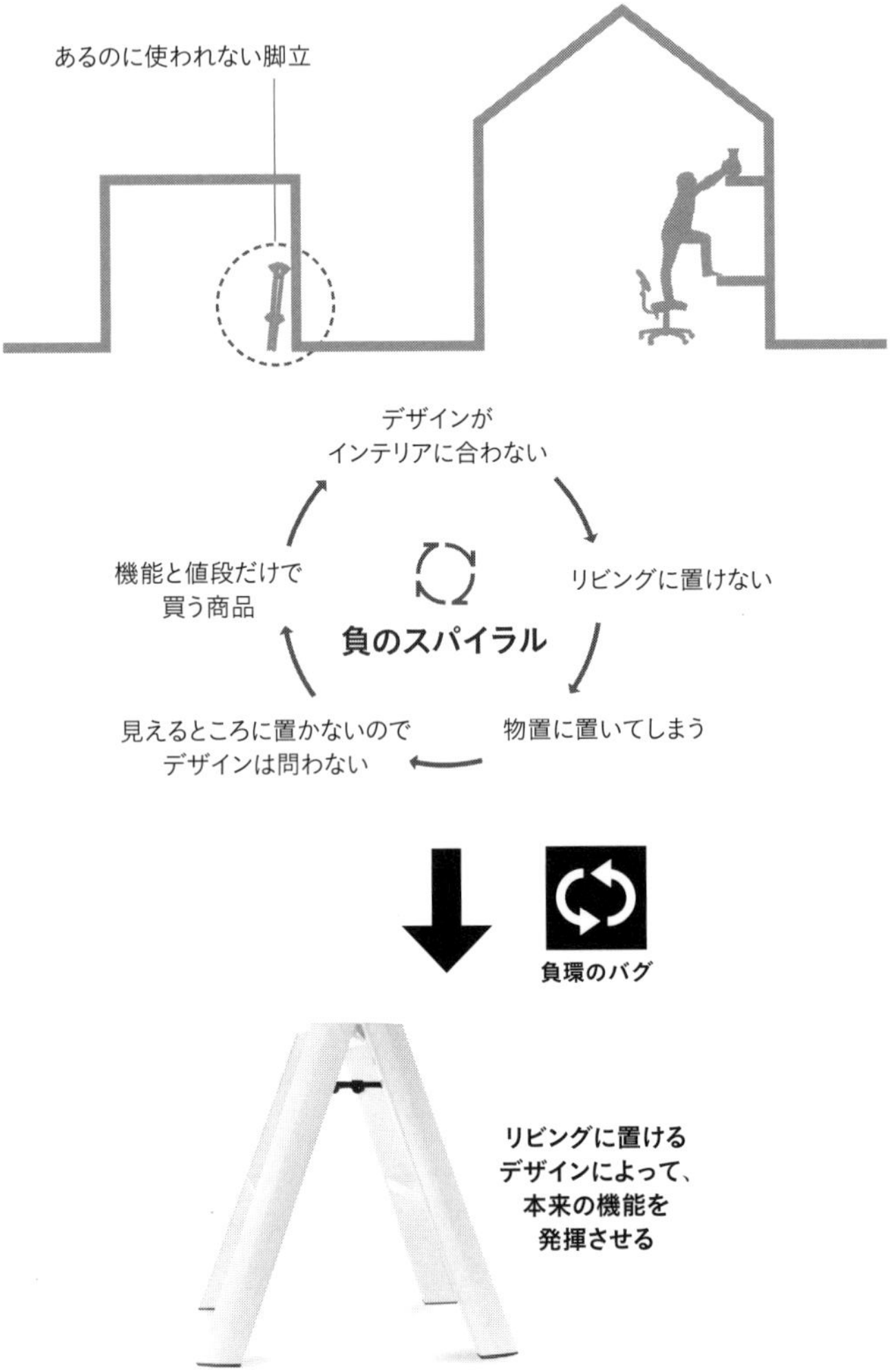
あるのに使われない脚立
デザインが
インテリアに合わない
リビングに置けない
物置に置いてしまう
見えるところに置かないので
デザインは問わない
機能と値段だけで
買う商品
負のスパイラル
負環のバグ
リビングに置ける
デザインによって、
本来の機能を
発揮させる

ーにとっても作り手にとっても残念なことです。「面倒くさい」という感覚はさらに次回の使用を妨げ、負環のバグになります。

そこで考えられたのが「ｌｕｃａｎｏ」です。「脚立は必要時に取り出すもので、普段はしまっておく」という発想をやめ、リビングに置いても違和感のないデザインにしました。デザイン性が高いものには愛着がわき、見えるところにあるツールは頻繁に使われる傾向があります。「取り出す」という行為がユーザーの最初のハードルだと気がつき、それを取り去ってヒットしたプロダクトです。

また、店舗やショールームで出しっぱなしで使えるデザイン脚立というジャンルを確立し、作業ツールの3倍の価格帯を設定できました。

集客行為が客を遠ざけている観光地

観光地に出かけたのに「さびれている」「場末感がある」と感じることはありませんか。多くの場合は、集客のために施している対策が「野暮ったさ」を増長させて観光客の気持ちを遠ざけてしまう、負環のバグです。呼び込みののぼりやポスター、くり返す音楽、目立たせるための派手な色などすべてがマイナスに働きます。

図21 集客行為が客を遠ざけている観光地

いつまでも貼られているポスター

チカチカ派手な看板

景観を損ねるのぼり

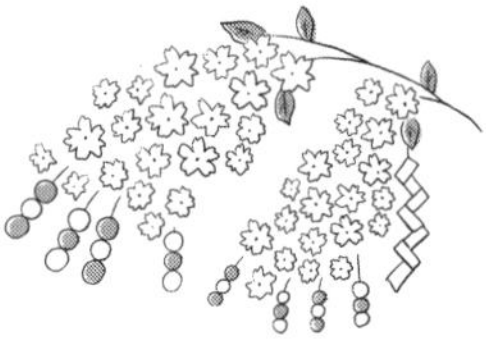
造花の花まつり飾り

残念な顔ハメ看板

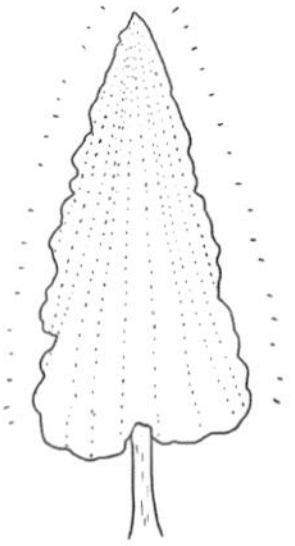
白や青の LED 電飾

このバグを解消するには、観光地が「自分たちはこう売り出したい」という軸にこだわるのではなく、「観光客がどうしてここへ来たいと思ったのか」「ここで何をしたいのか」を考え、実際に来ている観光客の行為を観察し、「なりきる」必要があります。外部の目を取り入れながら、どこが負環の始まりかを見極めて、物事の循環を逆にしていきます。外部の人と見直すと、地元で暮らしている人では気がつかない地域の魅力や、思いも寄らない楽しみ方が発見できます。

デザインは、モノなどのプロダクトだけではなく、ブランディングやイメージアップなど形には出てこない概念にも有効です。それはユーザーの行為を吟味するという基本を見直せば可能なのです。

5 退化のバグ（リトログレッション・バグ）

もともとあった機能がある条件によって失われてしまうのが、退化のバグです。最初は正常に機能していたとしても、使われていくうちにプロダクト周辺の環境は変化していきます。そこまで見越したデザインや設計ならばいいのですが、予想していない場合は目的の機能まで損なわれることがあります。

スーパーのカゴで考えてみましょう。店に入ったときのカゴは空っぽで何でも入れられます。野菜の棚から肉や魚の棚へ回り、買いたい商品をどんどん入れていくでしょう。でも「行為のデザイン」で考えていくと、後半はカゴの便利さよりも不便さが出てきます。たとえば先に柔らかいトマトや卵を入れたあと、その上に重たい二リットルのペットボトルを入れるでしょうか。おそらくトマトや卵を移動させて場所を作って商品が潰れないように気を遣うはずです。濡れた商品があれば他の商品に影響しないように分ける動作をします。カゴはユーザーがどんどん入れていく商品をスムーズにレジまで運ぶ役割がありますが、途中でその機能を失っていくのです。

このバグの解決には、すべてのものが混在しないように分けるソリューションが有効です。デザイン上でどう分けるのかはいろんなアイデアがあります。ただ間仕切をつけるとスタッキング（重ねて置く）という機能が損なわれますが、外形をWのような型にすれば仕切りも重ねも可能になるでしょう。ワゴンで二つのカゴを同時に使う手もあります。

ノートやファイルに貼って使うインデックスも、初めは角が立った四角ですが、使うう

図22 丸いふせん（rin）

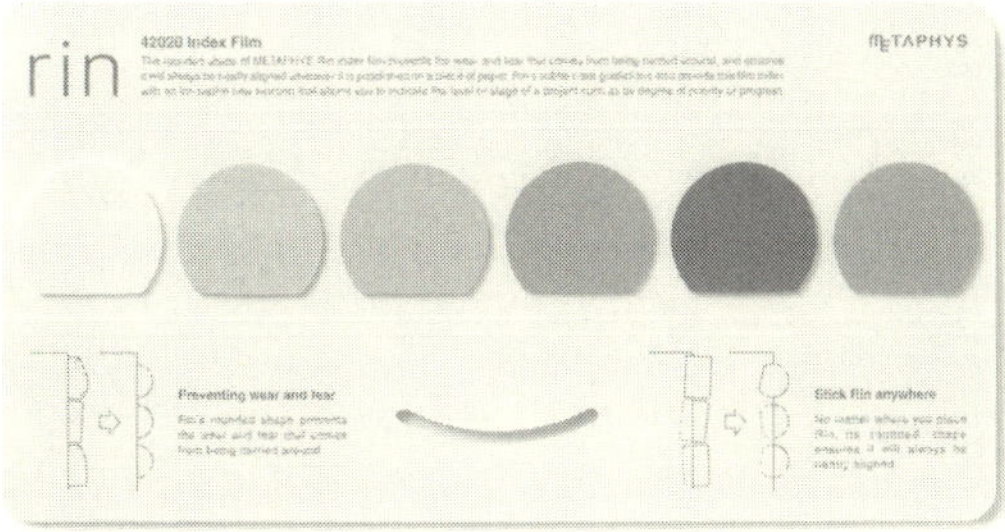

ちに角が折れて機能と美しさを失うバグがあります。また、四角い形なので貼るときは真っ直ぐにするため時間がかかります。

この両方のハグを解消したのが「丸いふせん」でした。角がない曲線なら折れて見えなくなるリスクが減ります。そして円形なので貼るときは向きを気にせずにすみ、多少雑でも見た目の美しさが保てるメリットができました。

「行為のデザイン」を経ると、どういう条件で機能が失われるのかを想像できます。そうすればあらかじめ形状やデザインで「機能を失わせる条件が生まれない形」を考えられ、ユーザーにとって長く使える便利なプロダクトになるのです。

使っているうちに丸くなる消しゴム

買った当初の消しゴムは尖った角があり、そこで細かい文字を消すことができます。しかし使い続けているうちに丸まって、当初と同じ機能が果たせなくなります。これが消しゴムにおける退化のバグです。丸くなったらカッターで刻んで角を作る人もいるのですが、できればプロダクト自体のスタイリング、形状の変更で解決したいと考えました。

このバグを解消するためにできたのが「ｖｉｓｓ」と「ｇｕｍ」です。名前の通り、ビスやガムの機能的な形に着目してできたプロダクトです。どんなに使われても小さな文字に対応できる角が必ず出ているデザインにしました。小さな文字を消す機能を残しながら、同時に広い面にも対応できるのがポイントです。

このプロダクトを生み出すための考え方は二つありました。一つは直方体の形状をアレンジすること。薄いガムのようなデザインで角が丸くなっても大きな曲面にはならず、機能が退化しないようにしています。もう一つは直方体という形自体を変えること。螺旋状にしたおかげでどこまでも続く尖った箇所が再現できるようになりました。

図23 消しゴムのbefore after（viss, gum）

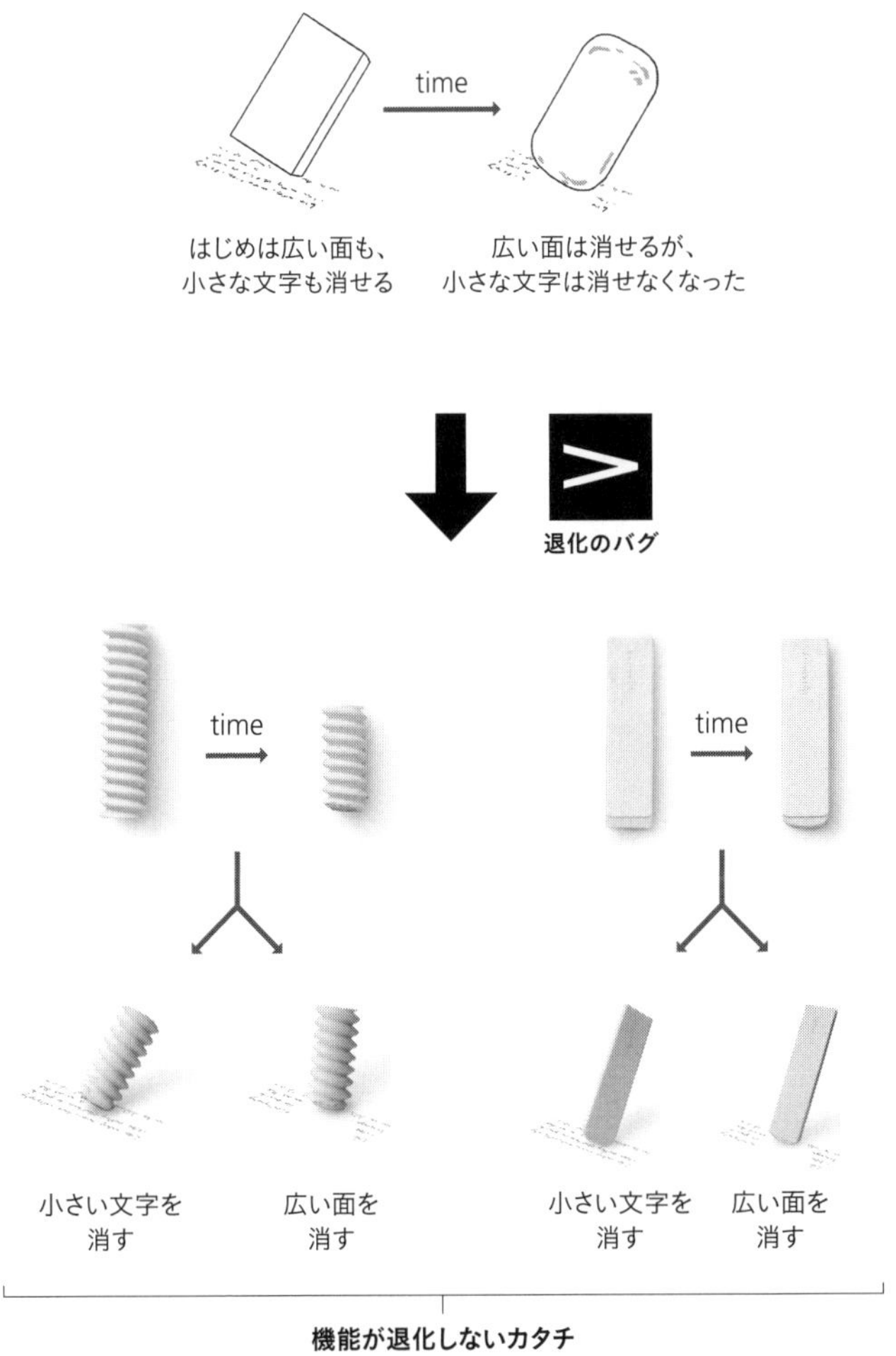
time
はじめは広い面も、
小さな文字も消せる
広い面は消せるが、
小さな文字は消せなくなった
>
退化のバグ
time
time
小さい文字を
消す
広い面を
消す
小さい文字を
消す
広い面を
消す
機能が退化しないカタチ

正しい値をとりにくい血圧計

正確な血圧を計測するのはとても難しく、計測者の姿勢や計測ポイントのあてがい方で数値が一〇近く上下することがあります。看護師のようなプロならば計測のコツがわかりますが、ユーザー自身が意識することはほとんどないようです。

従来の血圧計は椅子を調節して「上腕部と心臓の高さを合わせた正しい姿勢」で測れば「正しい値が出る」のですが、「正しい姿勢」がどういったものかが認知されていないので正しく測る人がほとんどいないというジレンマがありました。これも条件によって本来の機能を喪失しているバグです。

解消するには計測者の行為の流れや心理を考えなければいけません。そこで誕生したのが「スポットアーム」でした。腕を入れるところ（カフ）に可動性を持たせ、計測者は腕を差し込むだけで「正しい姿勢」への基本形ができあがります。次に差し込んだ腕の角度から上腕部と心臓の高さの相関を割り出し、計測不可の姿勢ではエラー表示が出るようにしました。

これで取扱説明書などを見なくても直感的に使い方がわかり、正確な血圧を測定すると

図24 血圧計のbefore after（スポットアーム）

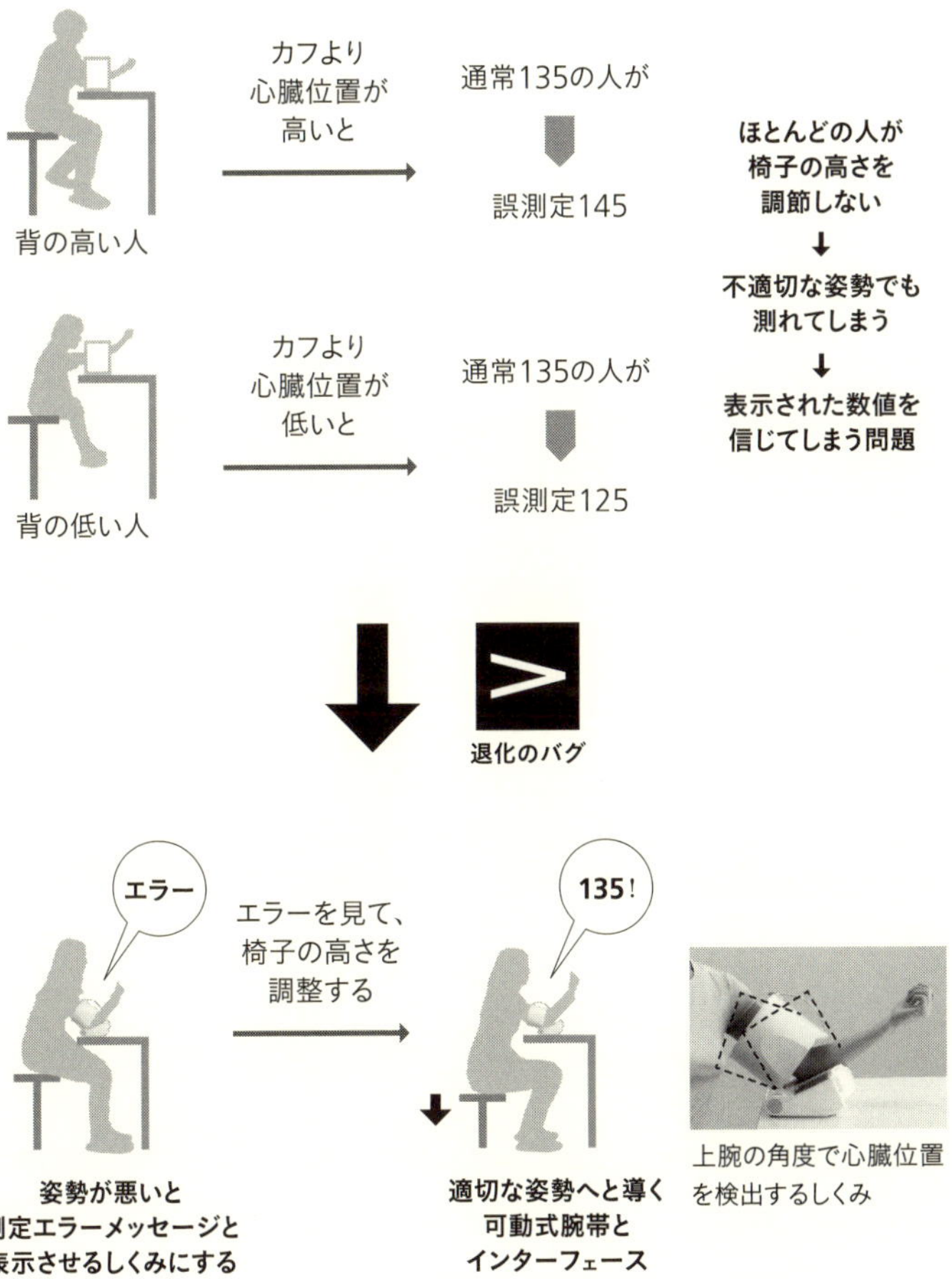
カフより
心臓位置が
高いと
通常135の人が
誤測定145
背の高い人
カフより
心臓位置が
低いと
通常135の人が
誤測定125
背の低い人
ほとんどの人が
椅子の高さを
調節しない
不適切な姿勢でも
測れてしまう
表示された数値を
信じてしまう問題
>
退化のバグ
エラー
エラーを見て、
椅子の高さを
調整する
135！
姿勢が悪いと
測定エラーメッセージと
表示させるしくみにする
適切な姿勢へと導く
可動式腕帯と
インターフェース
上腕の角度で心臓位置
を検出するしくみ

いう目的を果たせます。使うときにユーザーに負担をかけるのではなく、自然と正しい状態に導くことができる、そんなデザインの成功例です。

6 精神的圧迫のバグ（プレッシャー・バグ）

よかれと思ってしていることが実はユーザーの気持ちを圧迫していることがあります。これを精神的圧迫のバグとしました。機能としては効果を発揮しているかもしれないのですが、使う際にユーザーに心理的な負担を与えているなら、それはバグです。

代表的なバグに、スマートフォンやタブレットに表示される「通知」があります。メールが何通届いている、メッセージがすでに読まれている、SNSにこれだけ反応があったなど、手元にあるデバイスに逐次情報が届きます。

それ自体はとても便利な機能です。しかし、その表示を見るたびに「返信しなければ」「チェックしなければ」という気持ちの負担が生まれているのなら、これは立派なバグです。この場合はデバイスで設定を変えれば通知されずにすむのでユーザーに選択の自由が残されていますが、そもそもなかった時代のほうがよかったと思う人も多いはずです。

同じようなバグをデザインで生み出しているケースがあります。

たとえばボタンを押すたびに電子音で知らせる仕様や、何かと女性の声で案内してくれる機能などは本当に必要なものでしょうか。不要だと感じたユーザーが音を消せるならまだいいのですが、ユーザーがコントロールできない仕様になっていることがあり、これでは気持ちが圧迫されます。

また、SNSのフェイスブックは画期的なコミュニケーションツールですが、「いいね！」を押す作法が一般化してきたために、押さない人たちに精神的圧迫を与えるようになっています。「いいね！」の数を競う考え方や、押さない人が悪いという風潮もバグといって差し支えないと考えます。ある人たちに不必要なプレッシャーを与えているからです。

提供側のシステムのルールが強要されるのが、現在のITの世界です。これがもっと人間らしい多様性の中で機能すればプライバシーの漏えいや依存症などもなくなりすばらしいと思うのです。

見落としがちなバグとしては「左利きの人から見た右利き用のプロダクト」「男性の手

には小さすぎるプロダクト」など、特定の条件下のみで精神的圧迫を生み出していて、ていねいに行動をたどらなければ見つからないものがあります。

空間効率だけを求めたオフィスパーティション

個人スペースを作るために机の周りをパーティションで区切ったオフィスは多いのではないでしょうか。一見、個人の作業がはかどって効率的に見えます。しかし実際は同じフロアでのコミュニケーションが減り、情報の共有が少なくなって効率が下がるケースがあります。空間効率を求めるあまりメンタルを無視した単なる囲みになってしまうと、これも精神的圧迫のバグの原因になります。

これを解消するのが「falce」です。アルミフレームに伸縮性が高い布をかぶせる構造で、ファスナーで簡単に着脱できるので、クリーニングも可能です。デザインでは直線と曲線のユニットを組み入れ、人の気配を残しながらも、豊かなパーソナル空間を生むようメンタルに配慮しました。また、従来のパーティションの「施工が大がかり」「分別廃棄が大変」「輸送コストがかかる」というデメリットにも対応しました。

これはオフィスで働くユーザーがどんな行為をするのか、どんな動線を描くのか、これ

図25 パーティションのbefore after（falce）

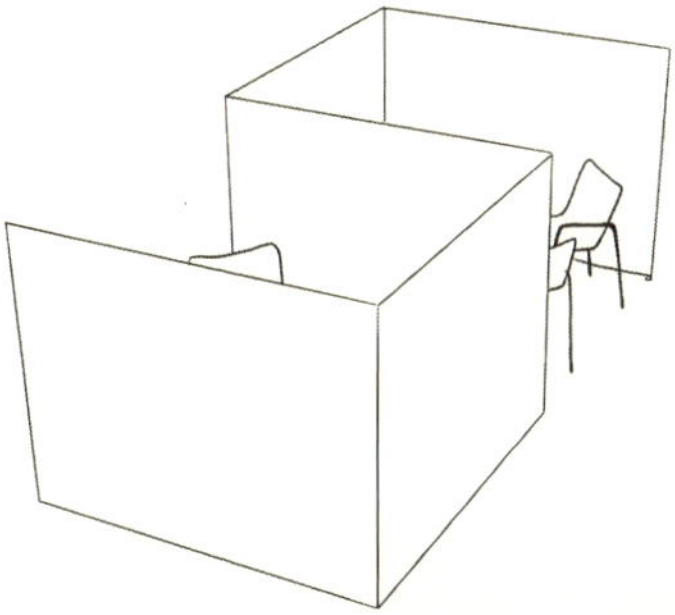

重く、大きい

施工を伴う

洗えない

分別廃棄できない

効率を求めた仕切りが、
精神的な効率を下げている

精神的圧迫の
バグ

輸送コストの軽減化へ

施工コストの軽減化へ

繰り返し洗える仕様へ

分別廃棄可能な構造へ

「メンタリティ」という
最大の効率を上げること

図26 繰り返し音楽が流れる店内の精神的圧迫

までどんな不便を感じていたかなどを詳細に観察、分析してデザインに反映させたものです。

くり返される店内音楽

混乱のバグで紹介した「過剰な音声」は、精神的圧迫のバグという側面もあります。交通機関にある車内放送のほか、店内でくり返されるアナウンス、行くたびに延々と聞かされてしまうスーパーのマイフレーズ、音声広告などはさらに心理的な負担を与える存在ではないでしょうか。

騒々しく音楽が流れている中でさらに特定商品のテーマ音楽と宣伝文句を

聞かされると、頭にこびりついて取れません。それもユーザーにとって必要でない情報がほとんどです。

顧客として訪れる人だけでなく、そこで働く人にとっても耳からの影響は大きいものです。ある店舗でずっと同じ曲を聞いていた人は、休日に別の場所でその曲を聞くと仕事を思い出して不快になるといいます。

空間デザインには、見た目のほか、聞こえる音や匂いなど、ユーザーの五感に触れるもののすべてが含まれます。プロダクトやサービスを考えるときは、ユーザーやそこで働く人たちが心地よく過ごせるようにそれらを上手にコントロールする必要があります。

7 ― 記憶のバグ（メモリー・バグ）

人は、目的を持って意識して記憶するより、そのときに印象に残ることを無意識に記憶していく性質があります。単に自分を通過する情報か、しっかり咀嚼して別のストックに置き換えるべき情報か、無意識の仕分けによって記憶レベルが変わっています。その行為を想定せずにプロダクトやサービスを作ると、必要な記憶を呼び起こしたいときにうまく出てきません。これが記憶のバグです。

パーティなどでは名刺交換を行いますが、時間が経つと顔と名前が一致しないことがよくあります。それは名刺交換時に「これは通過する記憶だ」と脳が判断し、相手を覚えようとしなかったからです。


大きなショッピングモールの駐車場では、無意識に車を停めてしまって戻るときに車の場所がわからなくなるバグが発生します。

これは、停めてから店に入るまでの記憶には「車↓店」という向きの景色や情報しか残らず、反対に店から出るときの「店↓車」という向きの情報が不足しているからです。加えて駐車場はどのフロアも同じ構造で特徴がありません。

記憶はビジュアルと強く結びついているので「そのとき何を見ているか」がとても重要になります。帰るときを考えて、店に入る前に逆向きの景色をふり返って確認したり目印を覚えたりすれば解消できますが、すべての人にそれを望むのは不可能でしょう。やはり目印になるデザインや仕組みを工夫して、店からスムーズに戻れるようにするのがデザイナーの仕事です。

ＩＤとパスワードの紛失や忘却も、記憶のバグです。今はパソコンや機器、ソフト、サービスなどを操作するために必ず求められるのがこの二つです。同じ組み合わせならすぐ覚えられますが、何通りか別の文字列を設定していると記憶するのが難しくなります。

ビジュアルで残せない情報なので、文字列に自分だけがわかる規則を作ったり、機器やサービス名と直結する言葉を入れるなどの工夫が必要です。しかし、年配の方にも同様の仕組みを強制するのは無理があります。ＩＴ関係者の想像体験やなりきりが不十分なせいで、今ではいろいろなデバイスが「わかる人だけ使える」というプロダクトになってしまいました。本当なら、ここでも「行為のデザイン」が応用されるべきなのです。

収納できるけれど探し出せない本棚

以前買った雑誌に載っていた「あの店」を探したいと思ったとき、本棚から背表紙だけしか見えていないと探すのに苦労します。薄い雑誌だと背表紙がなく、なおさら難しくなります。買った直後は「この特集を読みたくて買った」「ほかにこんな記事が載っていた」と覚えていても、人の記憶は時間とともに薄れていくからです。また、一センチ幅に

図27 本棚のbefore after（ladd）

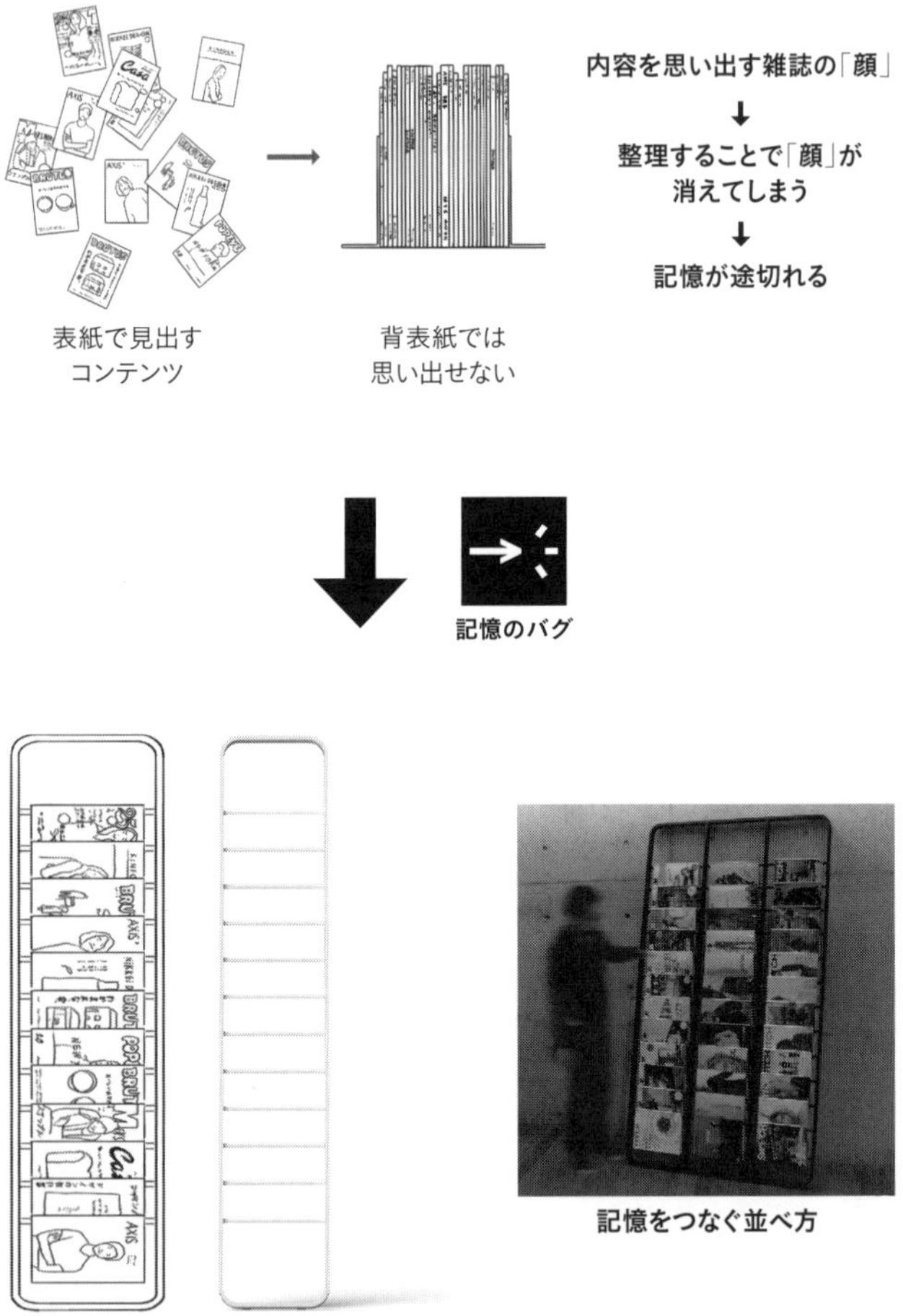
表紙で見出す
コンテンツ
背表紙では
思い出せない
内容を思い出す雑誌の「顔」
整理することで「顔」が
消えてしまう
記憶が途切れる
記憶のバグ
記憶をつなぐ並べ方

も満たない背表紙を覚えていることはほとんどないでしょう。

そんなバグを解消するマガジンスタンドとして「ｌａｄｄ」を考えました。記憶を補完するために雑誌の表紙ビジュアルを最大限に利用したものです。

このプロダクトの機能は二つあります。一つはユーザーの記憶を助けるように表紙を半分見せて置けること。一二カ月分を収納しながら本の情報が読めるので、欲しい雑誌を探す時間が短くなります。もう一つの機能は、収納した本を美しいグラフィックインテリアに変えること。段状に並んだ雑誌はその人の個性を表現するアイテムになります。また、かける部分で雑誌が傷まないように断面をラグビーボール型にしています。ユーザーは情報が美しく整理された状態で、最速で記憶を呼び起こすことができます。

いつ、どこでもらったのかわからなくなる名刺

ビジネスでは欠かせない名刺。しかし多くの人と交流するほど整頓が難しくなるアイテムでもあります。さまざまな名刺収納グッズがありますが、もらった日付を縦軸に置き換え、記憶と直結できるプロダクトとして考えたのがカードスタンド「ｔｒｏｎｃ」です。しまい込むのではなく、見せながら収納するように設計しました。従来の箱形の名刺ホ

図28 カードスタンドのbefore after（tronc）

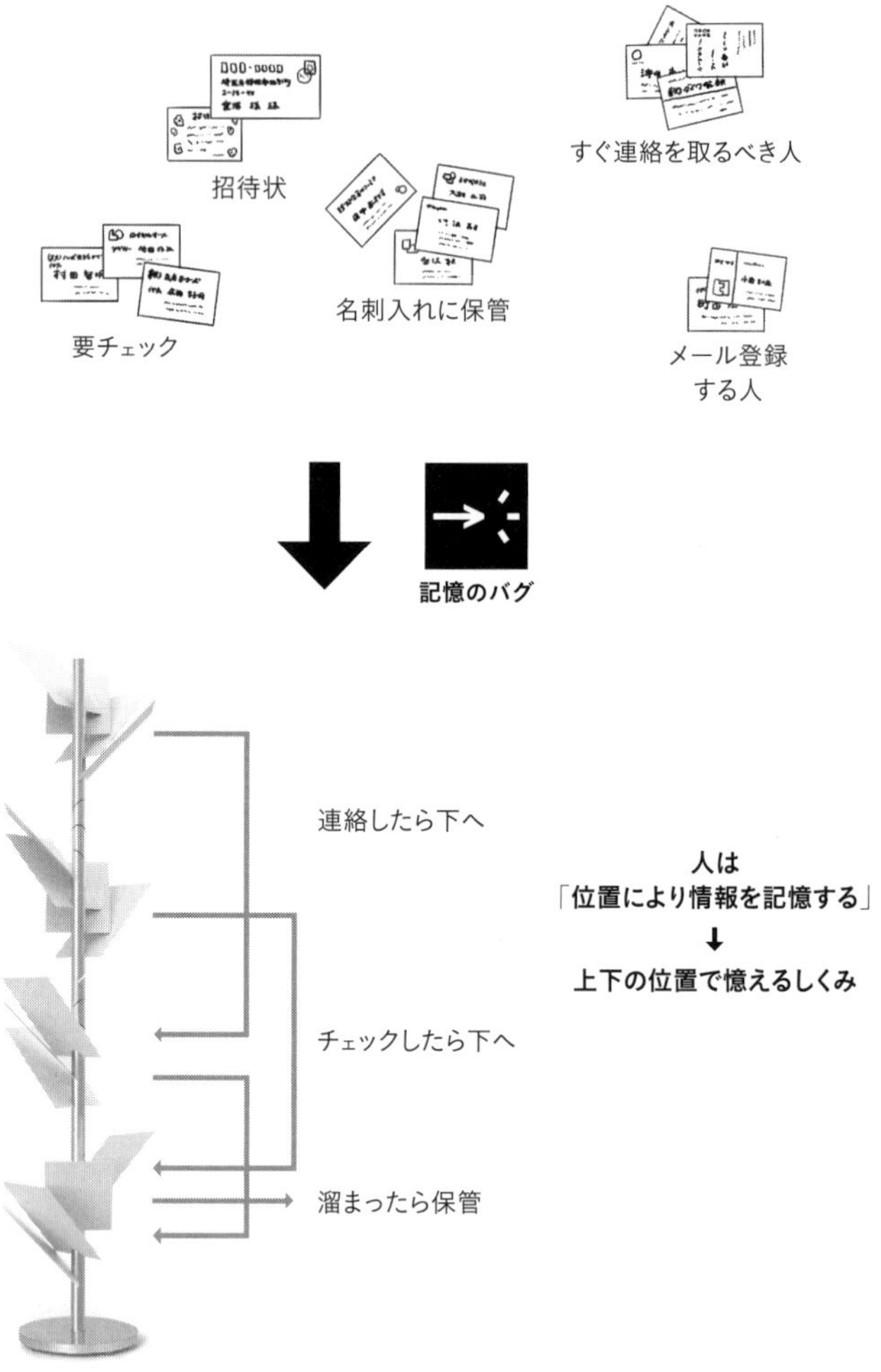
招待状
すぐ連絡を取るべき人
名刺入れに保管
要チェック
メール登録
する人
記憶のバグ
連絡したら下へ
人は
「位置により情報を記憶する」
上下の位置で憶えるしくみ
チェックしたら下へ
溜まったら保管

ルダーと比べて時間の感覚まで視覚化できるので、時系列の記憶とともに必要な名刺にたどり着きやすいデザインです。

たとえば今日中に連絡が必要な人は上部、連絡したら真ん中に移動させ、データ化すべき名刺は最下部に、などのアレンジが自由です。自分の感覚に合わせたルールによって名刺と記憶を位置情報に置き換えて一時ストックできます。

名刺を差し込むとツリー状に紙片が並ぶので美しく映え、名刺を差し込んで利用するのが楽しくなるプロダクトです。名刺を一時保管するときに平面に広げると場所が必要ですが、もとから立体的な保管をするので場所を取らないというメリットもあります。

8 手順のバグ（プロセス・バグ）

プロダクトやサービスが想定する順番と実際の動きが合っていないと、手順のバグが生まれます。日常で慣れている行為ほど、プロトコル（手順）のバグの可能性を孕んでいます。

第1章で紹介したハンガーの例はこのバグです。人はジャケットを脱いでハンガーに掛けたあと、ズボンを脱いで掛けようとします。しかしハンガーの形状はその順番に沿ったものではないので、ズボンを掛けるときにジャケットが邪魔になってしまいます。解決するためには、人の行動を逆にするのではなくプロダクトを人の行為に沿って修正します。つまりジャケットの次にズボンをすんなり収納できるハンガーの形状を、デザイナーが改めて考え直すのです。

そのほか日常で見かける手順のバグには、店舗での品物の受け渡しがあります。たとえばソフトクリームを二つ注文したとき、慣れない店員だと最初に商品をお客へ渡してしまうでしょう。しかし、お客はその後に支払いをしなければいけません。渡された二つのソフトクリームをどうするか迷って、誰かに持ってもらったり自分の片手でまとめたりして、財布を取り出して支払うことになります。これは「行為のデザイン」から考えると美しくありません。

また、良かれと思って譲り合っているタクシーやエレベーターに乗り込む順番などもバグを含んでいます。なぜなら、譲られて尊重される立場である人が降りるときには一番後回しになってしまい、その後の行為でデメリットを受け取ってしまうことがあるからです。

図29 レジ前で開け閉めをくり返す折りたたみ財布

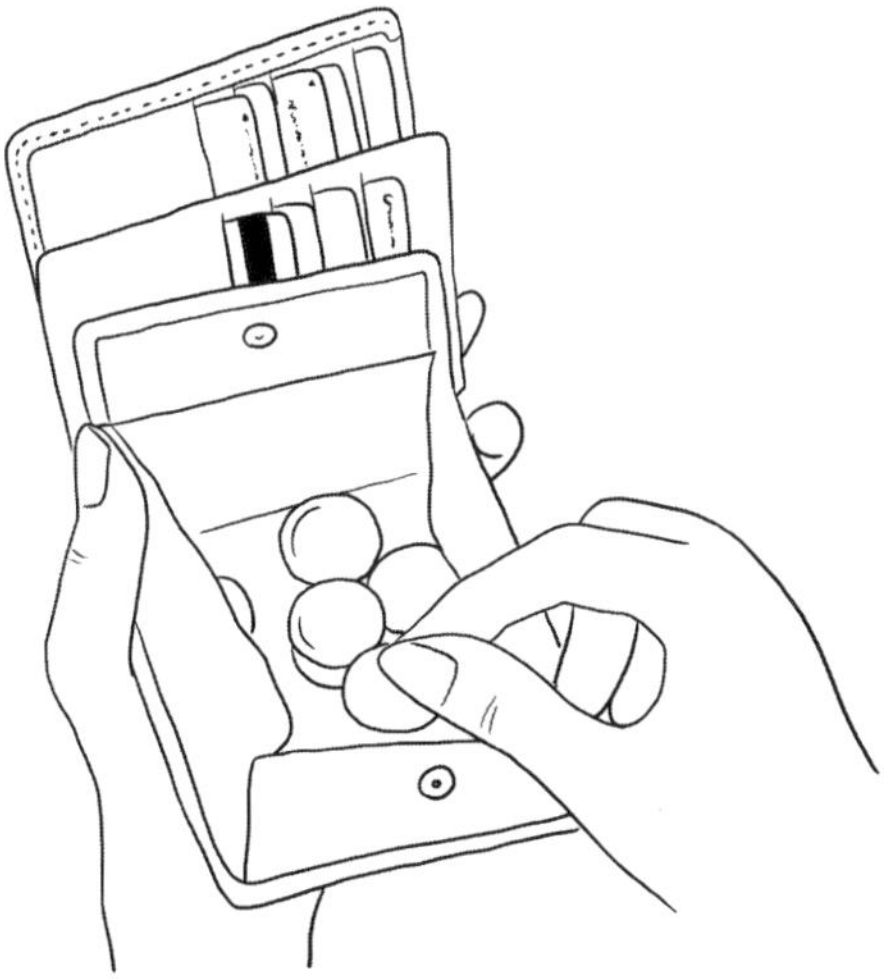

タクシーで「どうぞ」と譲られて先に乗ると、降りるときは最後になります。エレベーターでも「どうぞ」と譲られて先に入ると、出るときは最後です。雑居ビルの飲食店などに向かっている場合は、後に降りたほうが店に入る順番が後になってしまいます。

このように手順のバグはあらゆるところに残っています。

レジ前で開け閉めをくり返す財布

レジ前でよくある光景です。お札と一緒に小銭を使って支払うと、日本では通常、釣りはお札から戻され、あとから小銭とレシートが返ってきます。

これを小さな折りたたみ財布の視点から考えてみましょう。支払うときにお札入れを開いたあとに小銭入れが開かれるはずですが、お札が先に戻るのでユーザーは小銭入れをあわてて閉め、お札を収めてから再度小銭入れを開き、小銭の釣りを入れます。そのあと小銭入れを閉めてお札入れにレシートを入れます。行ったり来たりする小さな動きですがこれもバグの一種です。行為の流れと財布の形が合っていないのです。

財布のデザイナーは、ディスプレイされる形や持ち歩いている状態、流行や色などを考えてデザインをします。しかし金銭をやり取りするときの使い心地や手順も、財布の大事な機能の一つです。そこまで考え抜かれている財布は少ないのではないでしょうか。

釣りがお札から戻ってくるのは日本特有の慣習です。ならば、日本で使いやすい財布という観点も必要です。お札、小銭、カードが同じ方向に一回の出し入れですめばスマートです。デザイナーは、時間軸で動いている財布を想定して形を決めなければいけません。

何度も料金を確認しなければいけない運賃ボタン

日本の交通機関でキップを買おうとすると、販売機には大抵運賃ボタンがついています。鉄道やバスの会社が想定するユーザーの動きは「まず料金表で行き先と料金を確認し、そ

図30 何度も料金を確認しなければいけない運賃ボタン

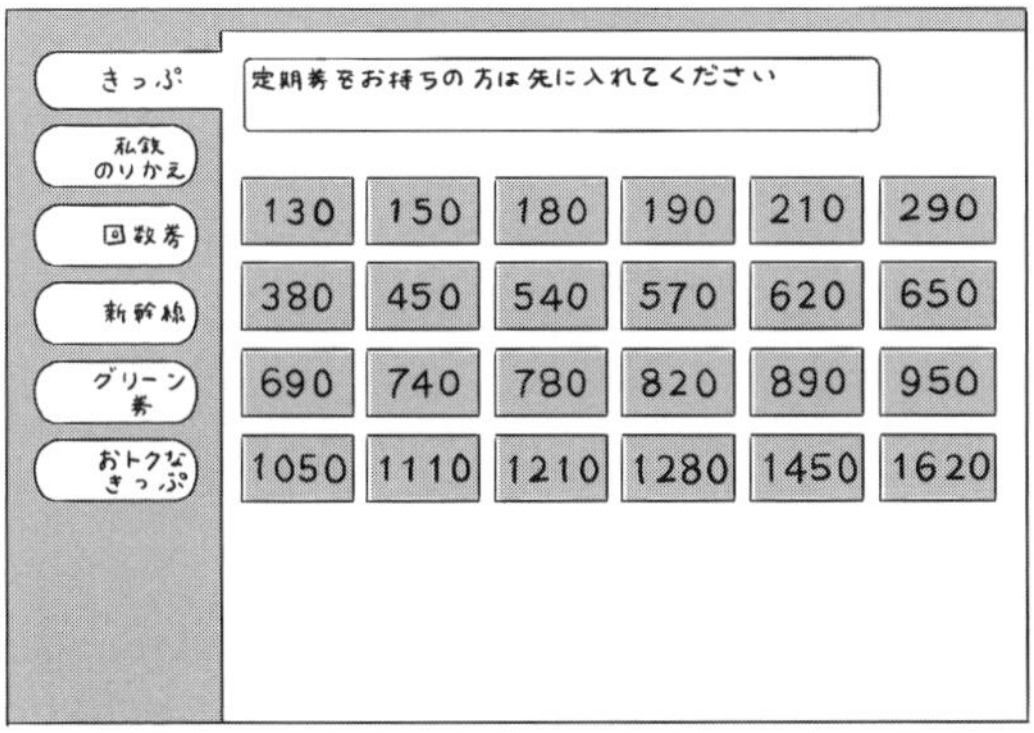

日本に多い料金表示方式（路線図を見返さなければならない）

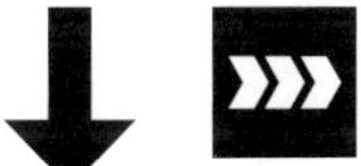

手順のバグ

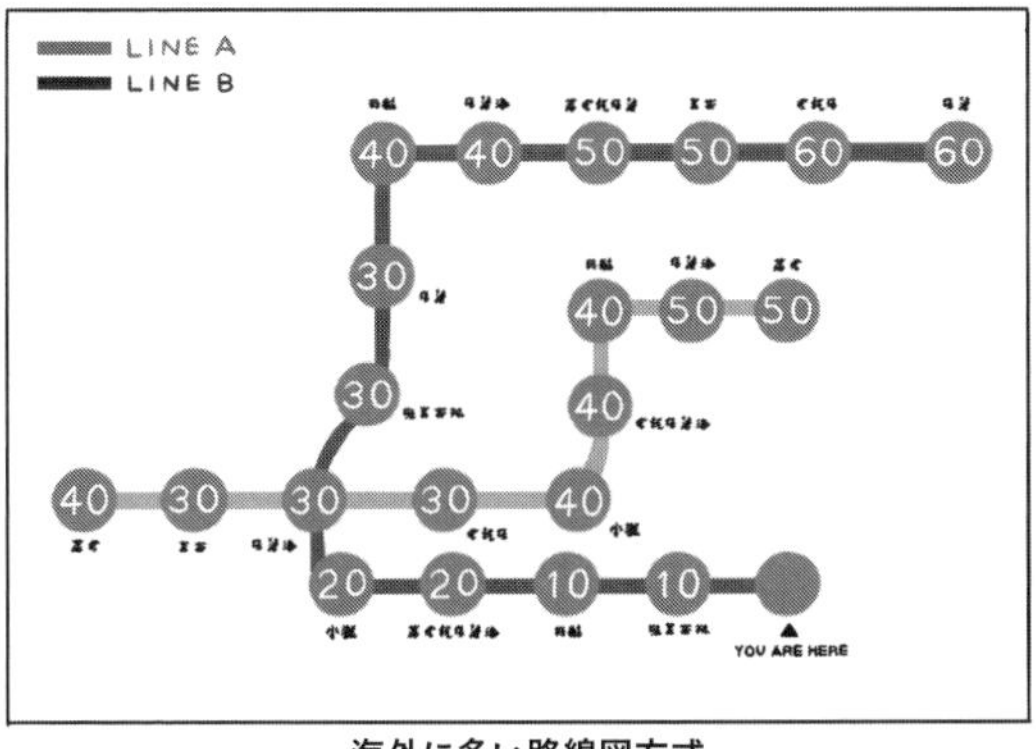

海外に多い路線図方式

の金額を用意して販売機で買う」という流れです。しかし、実際はどうでしょうか。販売機の前に来て戸惑い、一歩下がって頭上に掲げられた料金表を見上げ、時間をかけて行き先と料金を確認してから購入する人があとを絶ちません。つまり想定されている行為はマジョリティのものではないのです。買う人は焦り、並んで待つ人はイライラします。行為にも手順のバグが生まれて美しくありません。

解消するにはマジョリティの行為の順番を取り入れる必要があります。たとえば販売機のボタンが料金表示ではなく駅名表示ならユーザーは止まらずに「キップを買う」という行為ができます。表示された金額に従って支払えばよいからです。

海外のキップ販売機は、駅名だけでなく路線図からタッチして購入できるものが増えています。これならユーザーの目的にかなっています。今後は日本も国際標準に合わせ、ユーザーを迷わせない表示方法を取り入れるべきだと考えます。

第3章

デザイン化＝
「可視化」のプロセス

■ 膨大な情報を削る

「行為のデザイン」のワークショップをひと通り終えると膨大な要望と条件が手元に集まります。そのため、「可視化」に進む前に、集まった条件を削ぐ作業が欠かせません。

ワークショップでは営業や技術、企画、デザインなどさまざまな担当者が意見を出します。もしかしたら社外の人たちやユーザーも意見を述べているかもしれません。ただ、それらすべての条件を取り入れたプロダクトは成立しません。出た意見をどう削るかが大切なのです。

出てきたリソースの活用で失敗してしまうのは、答えがいろいろ出たからといって早急にすべてを取り入れるようなプロダクトやサービスを作ろうとするからです。コンセプトメッセージは届くのか、この課題はどちらを優先するべきか、提案された機能やＵＩは本当に必要なのか。これらを判断して形にしなければいけません。

そこで、この章では要らない情報を削ぐためのデザイン上の視点を紹介します。

膨大な情報から何かを削り、何かを選び取るとき、どう優先順位をつけるのか。実はこのプロセスでは、みんなで話し合うよりもディレクションを行う責任者が一人いるかどうかが重要になります。すべてをまんべんなく取り入れることは物理的に不可能ですし、それに近づけようとすればどこにも尖った要素のない平均点のプロダクトができあがります。当然コストも上がってしまうでしょう。

しかし、それではせっかく要望や条件を抽出した意味がなくなってしまうのです。紛糾したとき特長のある要素を選び取り「これでいく」と決断できる責任者がいれば、他社にはないオリジナルのプロダクトができあがります。

日本の大手といわれるメーカーで残念なのは「禅の見方」が欠けているところです。「禅の見方」とは、ていねいで言葉は少なく、本質を突いたものを最上と考える見方です。アップル社を創業したスティーブ・ジョブズもこの思想を好みました。

この見方を無視すると、あらゆる方面から求められた要素を取り入れ、万人に合わせた行き過ぎたユニバーサルデザインや、押しつけがましいユーザーフレンドリーを説くプロダクトやサービスになってしまいます。たしかに責任の所在が曖昧になる点ではコンプライアンスと合致しているのかもしれませんが、もっとも大切な核「サムシング・インサイド」をシンプルに伝えるものとは相反します。

「サムシング・インサイド」が企業の「気」であるとすれば、ユーザーの中に必ずその志を受け止める人が出てきます。そのやり取りが人とプロダクトの理想的な関係では不可欠なのですが、メーカーが八方美人な施策を続けた結果、ユーザーと向き合う姿勢より、過度なコモディティ化や低価格競争などにつながってしまいがちでした。

こういった事態を避けるために設けるのが、紛糾したときに将来の標準を見据えて「これでいく」と決断できる責任者なのです。

たとえば、映画監督は同じような責任と決定権を持っています。映画のコンセプトやストーリーについては関わるメンバー全員で情報を共有しますが、何か一つを選ばなければいけないときや、何か削らなければいけない局面では監督が判断し、メンバーはその決定を尊重します。デザインディレクターの役割も同じだといえます。

商品開発に関する企業コンサルティングではデザインプロデューサーがディレクター（責任者）の判断をサポートします。みんなの意見が合う項目は取り入れるべきものです。

意見が合わないときは、何がギャップを生んでいるのかを話し合い、見極めます。「行為のデザイン」に参加している人たちはそれぞれが違う立場なので、営業なら営業優先、技術なら技術優先で項目を選びたくなるのは当然の流れです。そこでプロデューサーは外部からの目で調整する役割を担うのです。

■ プランニング・可視化・告知というプロセス

デザインという言葉には狭義と広義があります。

色やグラフィック、形、素材を決めるなど「可視化」の部分だけを指すのが狭い意味でのデザインです。それに対する広義のデザインとは、いわゆる狭義のデザインを内包するもっと大きな領域を指します。「はじめに」でも触れたように「設計思想を絞るプランニング・思想をカタチにする可視化・世間に存在を認知させる告知」の三プロセスをカバーします。

第1章で解説してきた「行為のデザイン」はいわばプランニングです。問題と価値を発見し、コンセプトや必要な背景を共有し、デザインの方向を定めます。この「プラン」ができたあと、初めて「可視化」のプロセスに入ることができます。デザイナーはやみくもに形を作るのではなく、「行為のデザイン」で得た情報がそろって、やっと素材や色やグラフィックなどの表面処理やスタイルをデザインする＝「可視化」する作業に取りかかることができるのです。

一見、時間がかかる回り道のように見えますが、関わる人が意見を出しきるのが「行為のデザイン」のポイントです。「可視化」までの議論をしっかりしているからこそ、「これで行きましょう」と企画が決まると誰からも反対が出ません。だからこそ開発スピードが上がり、製品化までの時間が短くなります。そしてユーザーの動きまでがしっかり考えられているので息の長いロングライフプロダクトになるのです。

続く「告知」とは、できたプロダクトやサービスを広く伝えることです。

コンセプトを長い作文にするわけにはいかないので、まずプロダクトやサービスに込められた考え方をわかりやすいアイコンに置き換える必要があります。ネーミング、ブランド名や商標などがそれにあたります。注意しなければいけないのは、これらは単なるグラフィックではなく、製品上のグラフィック（ＩＧＤ）、パッケージや販売方法に至るまで一貫した印象を与えられるアイコンとなるよう作らなければいけないことです。

ユーザーがプロダクトやサービスを利用したときに「次に何をすればよいのか」が伝わるよう、利用シーンでの情報をコントロールする動線設計も「告知」の役目です。これらのプロセスでも必要に応じて「可視化」を行い、ビジュアルを作り出すデザイナーの仕事があります。


もともと、デザインという言葉の語源はラテン語の「デジナーレ（designare）」で、「計画を記号に表す」という意味があります。言い換えると「問題を見つけ、それを解決するプランを立て、分かりやすい形にして伝える」ということです。

語義から考えると、本来のデザイナーとは「問題を可視化する能力」を備えた人です。まだ顕在していない問題を見つけ出して解決する人であり、その上で「形にして表現できるスキルを足した人」であるといえます。現代ではさらに「作ったものをどう伝えるか」というプロデュース力もデザイナーの職能として求められています。

図31 デザインのプロセス

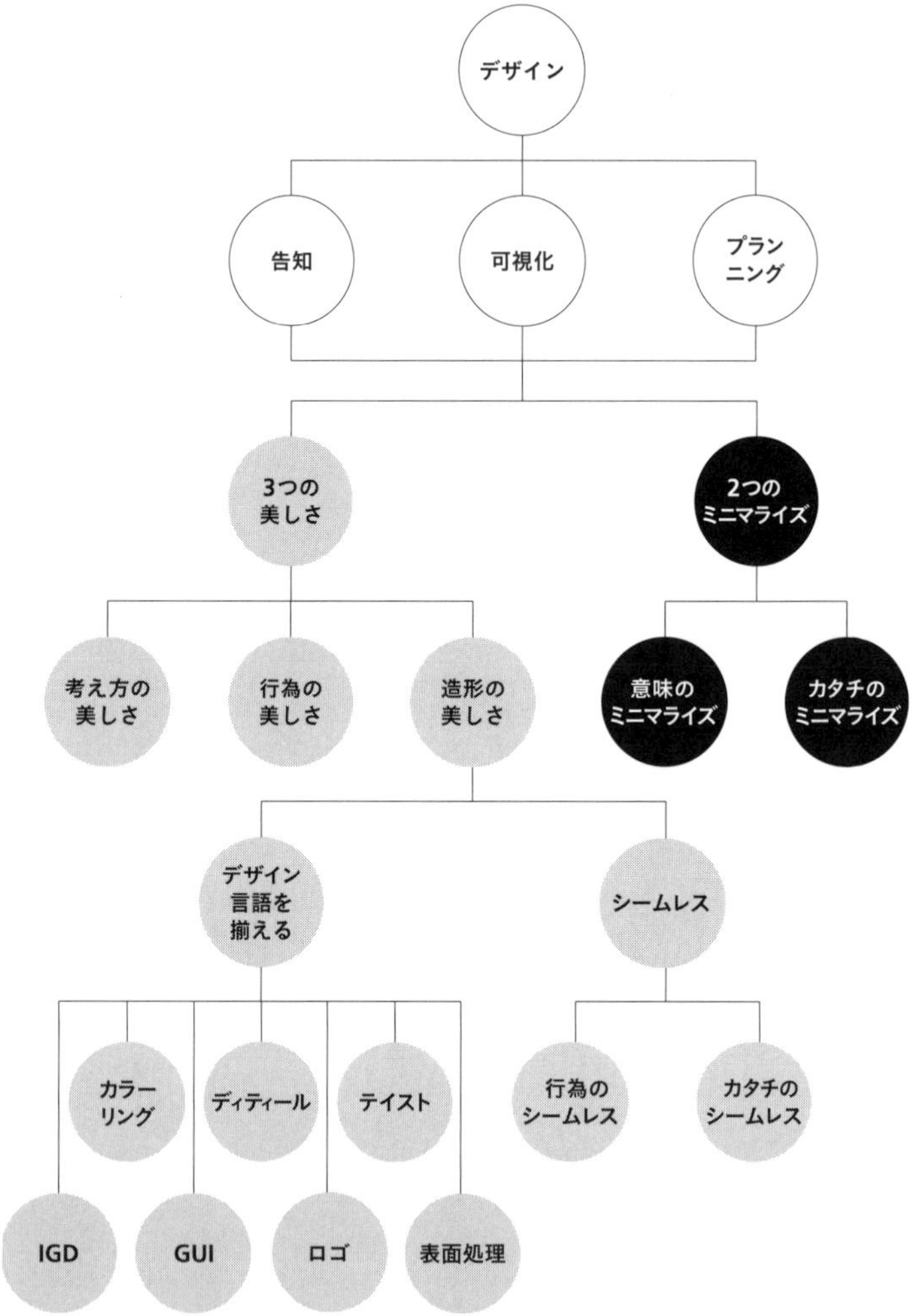

■ 二つのミニマライズ

情報を選択したあと必要なのはミニマルデザインです。これは造形時に余計なものを削ぎ落とす作業です。枝葉を削ぐことで見せたい幹がシンプルなアイコンになり、それによって伝える内容がわかりやすく可視化されます。形状も言葉も、瞬時に理解できるものほど人に伝えやすく、拡散が容易です。だからみんなロゴを使ったり、ブランドマークを作ったり、印象的なネーミングやキャッチコピーを考えるのです。

デザインでの「ミニマライズ」には二つの意味があります。一つはメッセージをより強く伝えるために造形をシンプルにする「形のミニマライズ」。もう一つはコンセプトを明確にする「意味のミニマライズ」です。どちらもデザインに欠かせません。

理想の「形のミニマライズ」は、そのプロダクトやサービスは何に使うのか、どう使うのか、言葉や誰かの説明なしに見ただけでユーザーが迷わないほど機能がアイコン化された状態です。しかし、デザイン黎明期にはオーバーデザインだと感じるプロダクトがよく登場します。いろんなデザインモチーフが混在し、統率がとれていない形です。要素が盛り込まれすぎると余分な意図が見え隠れして、本来伝えたい内容や目的が見えなくなってしまいます。これはデザインの理想から遠いものです。

「形のミニマライズ」を実現させるには、ディレクターやデザイナーの感性と決断で、その企業が求めるもの、あるいはユーザーがこれを使うために求めるものを見切って、余分な要素を切らなければいけません。

要らないメッセージを削ったシンプルなプロダクトのほうが流行に左右されることがなく長生きするからです。

もう一つ欠かせない「意味のミニマライズ」に成功すると、ビジュアル要素以外の深い情報が人に伝わりやすくなります。私はこれを「情報のアイコン化」と呼んでいます。「わかりやすいコンセプトをつくる」と言い換えれば理解しやすいかもしれません。

先ほど述べたベルリンのスーパーは「完全無包装のスーパー」という情報のアイコン化に成功しています。覚えやすく印象に残り、誰かに伝えるときにも間違いが起こりません。これが「エコで地球にやさしいスーパー」だったらどうでしょうか。ありふれた表現でメディア効果は望めなそうです。

このスーパーを表すキーワードはいくつも考えられます。たとえば「地球にやさしい」「パッケージ持参」「量り売り」「ドイツ初」などです。この中で何を抽出してアイコンとするのか、おそらく担当者は熟慮して「完全無包装」を選びました。この「意味のミニマライズ」は大成功の例です。

本の企画も似ています。「二〇代の男女に向けた本」よりも「二〇代のこれから転職したい人への本」や「二〇代で弁護士資格を取りたい人への本」と設定したほうがわかりやすいでしょう。デザインでも同じようにコンセプトを絞ってシンプルにしたほうが、対象を絞った「可視化」をしやすく、より伝わりやすくなります。

大切なのは、「意味のミニマライズ」は外側から作り込むものではなく、すでに内側に存在していると考える点です。何かに埋まって見えなくなっているだけなのです。

ある企業の例を紹介しましょう。

その企業のプロダクトとサービスは、特徴ある同業他社と比べたときに押しが弱く、業績につながっていませんでした。平均点としては合格なのですが、印象に残るプロダクトがないのです。悪いところもわからず、コンサルティングの依頼が来たときは「これからどう打ち出していこうか」という根本的な悩みを抱えている状態でした。

そこで、その企業のあらゆる部署の人が参加するワークショップを行い、自社プロダクトやサービスを見直し、何が評価されているのかを見直してみました。すると「老舗」というキーワードが浮かび上がってきたのです。

あまり知られていなかったものの、実は歴史があり、積み重ねた技術もある。「みんなに親しまれる」というコンセプトが前面に出ていたときはまったく顧みられなかったポイントにもかかわらず、多くの人がこの特長に触れていました。

これは企業の良いところを収斂させて出てきた、企業の「幹」です。「親しみやすい」という、同業他社でも重なりそうな枝葉を取り、この企業では何が欠かせないのかを考えた結果、残ったのが「老舗」というコンセプトだったのです。

このキーワードが参加者で共有された瞬間から「可視化」や「告知」というプロセスでも何をすればいいのか見えてきました。

たとえば、老舗感を大切にしたパッケージや見せ方に替えるだけでもお客様に今までよりくっきりとしたメッセージを伝えられます。また、店舗でのディスプレイや売り方もトレンドより歴史や重みをコンセプトにする、オペレーションや制服なども「老舗」というイメージから外れないものを選ぶ。こういった作業を進めていくと単なるプロダクトデザインを超えて企業そのものの「デザイン」が可能になります。

これは、条件をすべて出したあと、ミニマム化を意識したプロセスがあって実践できたものです。ミニマム化して収斂されたコンセプトにたどり着くと、それまで曖昧に浮かび上がっていた外観やその他の要素が「このためにまとまればいい」という答えを見つけてどんどん「可視化」できるようになります。ただ条件を並べているだけでは難しく、情報を絞り込む、核を見つけるという意志が必要です。

■ 三つの美しさ

ここから具体的な「可視化」を考えます。デザインには美しさがなければいけません。美しさの要素は大きく分けて三つあります。一つは「造形の美しさ」、二つ目は時間軸で流れる「行為の美しさ」、三つ目はプロダクトやサービスの底にある「考え方の美しさ」

です。

「行為のデザイン」で得た情報で二つのミニマライズを行い、必要なコンセプトが絞られたあと、美しい「可視化」を実現させるためにこの三要素を考えます。

造形の美しさとは

一つ目の「造形の美しさ」について解説しましょう。

私は、行為のデザインやミニマム化で得た条件をデザインコンセプトとディテールにどこまで落とし込むことができるか、それが形状の美しさを決めると考えます。私が「グッドデザイン賞」やドイツの「iFデザインアワード」の審査員を務めたときもデザインコンセプトが全体に反映されているのかを見ていました。一部でも妥協した処理があると美しくなくなってしまうのです。

造形が美しくない、と感じるプロダクトをよく観察すると、デザインのディテールがずれていることがあります。たとえばある角はなだらかな曲線になる「R面取り」がなされているのに、同じプロダクトの違う角が、辺で角を処理する「C面取り」になっている場合があります。このズレが違和感を生んでいるのです。だいたいにおいて処理の不一致と同時に、コンセプトと形がずれた状態が多数混在し、統一感がありません。

これは極端な例と感じるかもしれませんが、日常で出会うデザインにも同じような失敗をよく見かけます。

たとえばデザイナーが手がけたマンションがあるとします。全体は一般的な鉄筋コンクリート構造、タイル張りでできています。しかしデザイナーがスペインの建築家のガウディに心酔していて、正面だけはガウディっぽい彫り物やデザインが施されていたらどうでしょう。はたしてこれが美しいのかと聞かれたら、私は「否」と答えます。

もし全体や内装まで含めてガウディの考え方を取り入れたデザインであれば、建築物として統一感がある美しいものになったかもしれません。しかし、一部だけ何かを施して裏まで手が回っていないようなデザインには反対です。全体を貫くコンセプトがありません。コンセプトに沿ってすべてがコーディネートされているかどうか。これが形の上での美しさにつながるのです。

この「造形の美しさ」へつながる概念を、もう少し具体的に二つ紹介します。

造形の美しさの要素❶

シームレスを意識する

シームレスには二つの意味があります。一つは形状のシームレスです。取って付けたデザインではなく、その場にあるすべてのものに一体感や統一感を感じる状態です。あまり段差を作らずなだらかにつながる形を指します。

もう一つは行為のシームレスです。どこかで止まる必要がない、認識や理解をスムーズにするというのであれば、それはシームレスであるといえます。

これらのシームレスを説明するには、駅を思い浮かべてみるとわかりやすいでしょう。駅には駅舎があり、壁や柱があり、駅に関する標識だけでなく看板や張り紙などがあります。私の感覚では、これらの七割は駅舎の建設時に計画されたものではなく、あとからの付け足しです。テープで貼りつけたポスターや「○○方面」と大きく書き出したパネルなども付け足しで、空間造形のシームレス化に反します。

もし駅舎を建てるときに「ユーザーはどんな動きをするのか」「何を確認しようとするか」などの行為のデザインを行っていたら、この付け足しは発生しないでしょう。事前にわかっていれば材質やデザインを揃えたり、動線の邪魔にならないよう場所を選んで設置するなど、壁や駅の雰囲気に溶け込む存在として作り込むことができたはずだからです。

あとから付け足したということは、プランニングが足りなかったということです。使い始めて気がついて必要だから作った、それが膨大な付け足しを生み出しています。

私は特に、建築デザインではサインにも気を配るべきだと考えます。建造物だけが建築デザインの仕事ではなく、それを取り巻く表示やユーザーの行為に関わることも、デザインの仕事の範疇だからです。「駆け込み乗車はおやめください」とアナウンスさせるのではなく、デザインの力で駆け込めない動線を考え、乗り降りする人の流れをきれいに分離させるべきです。しかも乗客にそれを意識させないようにします。造りや動線によって乗客が自然とその行為を行うようにする、これがシームレスの概念です。

不特定多数が行き来する場所を設計するときは、人の流れを見て階段やエレベーター、エスカレーターを設置しています。デザイナーであれば、同じくらい注意深く、二つのシームレスという美しさを意識してあらかじめサインなどもデザインするべきです。

シームレスは、ユーザーの流れを把握し、想像体験を含めてきちんとシミュレーションすれば実現できます。そこから初めて真に美しいプロダクトやサービスに結びつくのです。

造形の美しさの要素❷

デザイン言語を揃える

デザイナーが「造形の美しさ」を考えるときは、使う「デザイン言語」にも注意してください。「デザイン言語」とは、言い換えるとデザインコンセプト、考え方です。そして、造形に伴うディテールなどの表現手法を含みます。

私がよく「デザイン言語が違う」と表現するのは「一方はフランス語を使っているのにもう一方が英語で話して噛み合っていない」という状況とよく似ているからです。

たとえばあるプロダクトについて「フランス」でいくと決めたとすると、ロゴやネーミングは当然フレンチを意識したものになるでしょう。フランス語の書体で、デザインもフレンチっぽくロマンチック系かネオクラッシック系にします。色味も合わせて考えます。想定するユーザーもフランスに興味がある層になります。

しかし、ここで何か一カ所「ロシア」を感じさせる要素が混じっていたらどうでしょうか。「あれっ」と皆さんは違和感を覚えるはずです。

デザインでは往々にしてこれと同じことが起こっています。

あらかじめデザイン言語を統一し方向性を決める、という作業を怠った結果、さまざまなテイストが一つの形に混在して美しくない状態になってしまうのです。

まず企業内、すべてのセクションで共有するコンセプトがないと、形状でいろんな装飾が足されて本来のプロダクトの意味や目的が見えなくなります。しかし、もしコンセプトがあっても、プロダクト上で「同じ言語」によって可視化されていないと「造形の美しさ」にはたどり着けません。

「デザイン言語を揃える」ということとは、「一つの形において一つのデザイン処理のルールを決める」ということです。存在するルールを具体的に挙げると、テイストのルール、造形処理のルール、カラーリングのルール、表面処理のルール、ロゴのルールなどがあります。その他に工業デザインならではのルールであるＩＧＤ（Industrial Graphic Design）や画面表示など操作をともなうデザインであるＧＵＩ（Graphical User Interface）なども考慮します。これらグラフィック要素が同時に存在しつつ、一体感を醸すのが理想です。

ワークショップを経てプロダクトの条件をミニマム化、コンセプトのアイコン化をしたあとは、デザインチームで「デザイン言語の統一」を図りましょう。デザインルールを設けて共有すれば、チームのデザイン作業でもばらけることはありません。
このときも決断できる責任者を一人設定しておくと、スムーズに統一できます。

再び「三つの美しさ」の解説に戻ります。

行為の美しさとは

これは、今まで考えてきた「行為のデザイン」そのものです。何か目的を達するためにユーザーが動いたり使ったりしたとき、迷うことなく流れるように、形が手順を導いている状態です。その行為ができるプロダクトなら、時間軸上で美しさが見えてくるのです。

考え方の美しさとは

一企業の利益（ベネフィット）のために存在するデザインなのか、多くの人が利益を享受できるデザインなのか、という違いです。これは外観デザインというより、いわゆるソーシャルデザインに必要な考え方です。

これから生み出そうとしているプロダクトやサービスは社会にどんな影響やムーブメントを起こすのか、どんな意味づけをされるのかを想定します。モノとしてのプロダクトとコトとしてのサービスの両方の意義を考慮してこそ見えてくる美しさです。

たとえば以前、アフリカでマラリア流行を阻止するために国際機関や現地NGOが殺虫剤を塗り込んだ蚊帳を寄付したことがあります。現地ではそのおかげで蚊に刺されることが少なくなり、マラリア感染は以前と比べて四割近く抑えられました。

数年後、さらに蚊帳が必要な人が増えたとき、どんな方法を選べば「考え方の美しさ」を成立させられるでしょうか。

単に企業利益だけを追求するのであれば、海外の一企業がアフリカのODA市場を独占して殺虫剤つきの蚊帳を売れば莫大な利益を得られます。しかしそれでは現地の蚊帳メーカーがつぶれてしまい、そこで雇用されていた人は職を失ってしまいます。

もしその企業が即物的な結果を求めず、技術を伝えて現地と提携する方法を選べば状況は変わるでしょう。雇用を守りながらマラリア感染の予防という人道的な目的も継続でき、作り続けて買い続ける人がいる限りは事業としても安定します。これなら多くの人が利益を享受できる社会的なデザインといえます。

この話は、蚊帳の寄付で感染が抑えられたところまでは実話です。しかし実際は地元メーカーが潤うことはありませんでした。なぜなら、さらに高性能な蚊帳が大量に寄付されたという、続きのエピソードがあるからです。その結果、誰もお金を出して蚊帳を買わなくなり、地元メーカーは倒産しました。メーカーがなくなったので地元の人は普通の蚊帳を買うこともできなくなり、疾病予防という面からも状況は悪化してしまいました。雇用を生まない、そのときだけの無責任な寄付が経済原理を乱してしまった例です。自立を妨げていて美しい考え方とはいえません。

ソーシャルデザインで期待されているのは、経済原理にかなう仕組みの中で持続可能な営みを実現することです。近視眼的な考え方ではなかなか難しいといえます。

■ 背景を大切にする

デザインにおける「感性」とは何かを考えるために、以前、私は感性を構成する基軸を作りました。その中には六つの軸がある（後述）のですが、コンセプトの「可視化」という作業では「背景感性価値」がとても重要になります。

背景とは、実体とは別にある、そのプロダクトが持っている物語やエピソードをさします。あればプロダクトの魅力を倍増させる力があります。これを知って「可視化」ができれば訴求力が上がります。

たとえば、歴史的な背景はコンセプトに大きく影響します。

目の前に一枚のチョコレートがあるとします。おいしそうだな、とは思うかもしれませんが、私たちはまだこのチョコレートのことをよく知りません。

しかし、こんな背景を知ったらどうでしょうか。

このチョコレートを作った店は創業八〇年、何兵衛さんという人が昔ヨーロッパのチョコレートに感動したことがきっかけだった。彼がカカオ豆を砕いて夜な夜な研究した結果、この一枚のチョコレートが製品化された。

すると、さっきまで何の変哲もない一枚の板チョコだったものが当時の復刻版だとわかり、急に奥深く価値あるものに見えてきます。プロダクトの背後にある情報がプロダクトをバックアップしてくれるのです。

デザインのプロセスではこういった背景をうまく取り入れることが求められます。もし「他社もそうしているから」とポップでかわいい包装にすると、おそらくこのチョコが持っている「創業八〇年、苦心の末開発された」という長所は隠れてしまいます。背景をユーザーに伝えて価値を感じてもらいたいと思うなら、その軸からずれないようにパッケージやチョコの型に至るまで考え抜かなければいけません。

歴史だけなく、何かの賞を取った、メディアに取り上げられた、という背景も価値を高めてくれます。有名なブランドとコラボで作った、パティシエとの知られざるエピソードがある、などの特長も背景の一つです。

また、開発に関わる人たちの苦労話や開発に至る実話なども、取り上げると背景になります。

デザインのプロセスとしては、まずこの背景をワークショップより前の段階でリサーチし、把握します。それを踏まえながらワークショップでアイデアを出し合い、背景を最大限に告知するためのデザインを作り、これを世の中に知らしめるために背景を生かした告知広告をつくるという順番です。

よくあるのが、もうできてしまったプロダクトを「これを売ってください」と広告代理店に持ち込み、そのときに「実はこんな背景を持っているんです」と説明するケースです。この場合の多くは、背景がコンセプト上でもデザイン上でもプロダクトに反映されていません。可視化するとき背景を入れ込んでいないのです。

デザインする前に背景を知っていれば手がいくつも打てます。

先ほどの板チョコであれば明治や大正を連想するようなフォントを使ったり、復刻版のようなパッケージを作れば、ユーザーには一目でイメージが伝わるでしょう。

このように背景をうまく可視化すると、説得力のあるプロダクトになるのです。

■ 感性価値とは何か

今、感性価値の中から代表的な「背景感性」を取り上げて解説しました。このほかにも大切な感性の軸があり、私は図32のように分類しています。

まず感性は大きく二つに区分されます。一つはそのものを見たり触ったりして感じる

【直接感性】です。文字通り五感に訴える感性の領域といえます。この中で代表的な要素は「感覚感性」です。目の前を通り過ぎた車に一目惚れするのも、宿泊する旅館のしつらえやもてなしに感動するのも、いただいたプレゼントのラッピングに驚くのも「感覚感性」に直接働きかけていることです。

もう一つの大きな区分は、周囲の情報によって影響を受ける【間接感性】です。代表的なのは先ほど述べた「背景感性」で、モノ自体ではなく存在の成り立

間接感性の共有		間接感性
啓発感性価値	**文化感性価値**	**背景感性価値**
自分や社会を変える メッセージがある	文化・美学・哲学的 要素を持っている	背景に物語がある
■自分を変えるメッセージがある • 意識の啓発（社会責任・エコ etc.） • 感情の啓発（対話づくり・笑顔づくり・感情の高揚 etc.） • スタイルの啓発（インテリアを変える力・服装などのスタイルを変える力・ライフスタイルを変える力 etc.） etc. **■社会を変えるメッセージがある** • デファクトスタンダードになりうる力を持っている • その思想、コンセプトが文化を創る力を持っている • 流行を生み出す力を持っている etc.	**■文化的要素** • サブカルチャー • 伝統文化 • 流行・エポック etc. **■美学的要素** • 日本古来の美学（禅・侘び寂び・幽玄・間合い・無・粋・雅・渋み・洒落 etc.） • 現代美術（ミニマリズム・機能主義・ポップアート etc.） • 様式美 etc.	**■物語背景** • 人 • 歴史 • エピソード etc. **■ビジネス背景** • 地域創生ブランド • コンソーシアムブランド • 独自のビジネスモデル • カスタマイズ商品 • プレミアム商品 • 限定商品 • コラボレーションブランド • ダブルネームブランド etc. **■評価背景** • 受賞歴 • メディア評価 etc.

ちやエピソードなどの情報が感性を刺激して価値を生みます。

あとの四つの要素は、ときに【直接感性】が強くなり、ときに【間接感性】が強くなるなど、両方の性質を行き来している感性です。

「技術感性」は、主にテクノロジーや工学など独自技術によって生まれます。技術的な完成度が見た目でもわかれば【直接感性】の価値が上がり、一見わからないけれど説明によって感動を与える機能やテクノロジーを

図32 感性価値分類表

感性の分類	直接感性	直接感性と	
感性価値の分類	感覚感性価値	創造感性価値	技術感性価値
感性価値の特徴	五感に訴える メッセージがある	新しい提案、 発想の転換がある	感性に訴える 独自技術がある
感性要素	■視覚感性 • 美しさ、かわいさ、かっこよさ、セクシーさ、感性を高揚させるビジュアル…… ■聴覚感性 • 臨場感、癒しの音、感性を高揚させる音…… ■味覚感性 • おいしさ、記憶に繋がる味、感性を高揚させる味…… ■嗅覚感性 • 良い香り、記憶に繋がる香り、残り香、感性を高揚させる香り…… ■触覚感性 • 心地よい触感、新しい触感、記憶に繋がる触感、感性を高揚させる触感……etc.	■新しい提案 • 新しい世界観 • 新しい価値観 • 新しい機能 • 新しいルール etc. ■発想の転換 • マイナスをプラスに • 今までにない用途へ • 異分野からの発想 • 異分野同士のハイブリッド etc.	■先端技術 • ロボット工学 • ナノテクノロジー • バイオテクノロジー etc. ■伝統技術 ■熟成技術 • 応用工学 • CMF 技術 • 特殊加工技術 etc.

内包するのであれば【間接感性】が上がります。

「創造感性」は、新しいルールや世界観、価値観につながるものに刺激されます。たとえばマイナスをプラスに転じるアイデア、これまでにない用途への応用、異分野からの発想やハイブリッドな組み合わせなどに対して、この感性が働きます。

「文化感性」は、さまざまな既存の文化・美学に対するものです。古くは禅や侘び寂び、幽玄や間合い、洒落、雅、粋などの美学、様式美や伝統文化などがあります。近年でいえば機能美やミニマリズム、ポップアートなどの現代美術、アニメやマンガ、コスプレなどのサブカルチャーも含みます。その美意識が自分を目覚めさせ、感性を揺さぶるのであれば、その人にとって「文化感性価値」が高いといえるでしょう。

最後に、最強の感性として「啓発感性」があります。ここに入るのは単なるモノを超えた影響力を持ち、モノによって自分の考えや価値観まで変えてしまうものです。

たとえば一台のオーディオ機器を置くためにインテリアを全部変えてしまったり、気に入ったブーツに合わせて服やヘアスタイルまで変えてしまうようなケースです。多くの人に影響を与えるプロダクトやサービスになると、それが世界のデファクトスタンダード（事実上の業界標準）につながります。中でもアップル社のプロダクト群は、独自の設計思想が時代を変えたり新しい流行を生んだ好例です。

これらの感性価値は、数字には表れにくいものです。しかし潜在的な感性価値や不足している感性価値を意識すれば、プロダクトやサービスに大きな力をもたらします。「行為のデザイン」のワークショップはこの価値を再確認し、共有する場でもあるのです。

行為を誘導する「アフォーダンスデザイン」

第4章

■ アフォーダンスデザインとは

アフォーダンス（affordance）とはもともと生態心理学の中にある概念で、アメリカの知覚心理学者ジェームズ・J・ギブソンによる造語です。英語で「与える、供給する」という意味のafford が基になっています。環境の意味や価値は私たちが主体的に決めるのではなく、環境からの刺激によってそう捉えさせられている、という思想を指しました。私たちが目や耳や触感などのセンサーから読み取った情報をもとに主導的に行動を起こしているのではなく、取り巻く環境によってすでに行為が規定されているとまで述べたため、人々に非常に大きなショックを与えました。

しかし後年、同じくアメリカの認知心理学者ドナルド・ノーマンが、「モノがどのように使えるかを決める根本的な性質」についてアフォーダンスという言葉で説明をし、「行為を誘導する」という意味で使い始めました。最初は意味の取り違えだったのですが、今はこちらの意味で多く使われるようになりました。私は、モノや人を環境の中でのインタラクションで判断するという意味では前者を、モノが行為を誘導するという部分的な状況を説明する場合は、後者の意味でアフォーダンスを使っています。

これは無理のないシームレスな行為を実現するという観点で、「行為のデザイン」にとっても大切な考え方になっています。


それでは「行為を誘導する」アフォーダンスとは何でしょうか。

たとえばペンがあったとして、おそらく大半の人が尖ったほうを紙につけて字を書こうとするでしょう。これはペンの形状が「こっちが書くほうである」と私たちを導いている、つまり外観によってそう使いたくなるような情報をアフォードしているからです。

昔のペットボトルはくびれのない寸胴でしたが、今では中央上部にくびれた部分を作るのは常識といえます。そのおかげで、私たちはパッと見たときにペットボトルのくびれている部分を持とうとします。これもアフォーダンスデザインの一種です。

見ただけで役割がわかる、何か決まった扱いをしたくなる、それがアフォーダンスデザインの特徴です。文字やサインなどの表記に頼らずに特定の環境を作り出し、人間の行動をある特定の行為に導くことができます。同時にそれは、説明書などが要らないプロダクトであるといえるでしょう。

直感的に使用方法がわかると便利な点がたくさんあります。

まずミスが減ります。説明書でいちいち「この箇所に手を掛ける」と書いてあるのを確かめなくても、モノのデザインが出っ張っていたり、凹んでいたり、何か手で押すことを連想させる形状になっていれば間違えずにすみます。

直感的に使い方がわかればユーザーは迷いがなくなり、行為をスムーズに執り行えます。時間の流れの中でつまずくことなく、ストレスを感じることなく、美しく目的を果たせるようになるのです。

世の中には、アフォーダンスデザインをねらったはずなのにうまくいっていないデザインというのも存在します。たとえばデザイナーとしてはユーザーに掴んでほしいノブなのに、誰もそこに気づかず、ドアを開ける方法がわからず混乱させてしまう、などです。

これはやっぱり、デザインが悪いのです。

ユーザーはそこが「持ちにくい」と感じたら持ちません。いくらデザイナーが言葉で「ここがノブなのでここを掴んでください」と主張したとしても、形状でユーザーが連想できなければ、また、「掴んでみたい」と思われなければ、それはデザインがうまくないのです。間違いが生まれないようにアフォーダンスの機能を絞るには、デザイナーの意図をはっきりさせなければいけません。どう動いてほしいのか。何を避けてほしいのか。どんな無駄な動きを省こうとしているのか、熟慮が要ります。

逆に言えば、その目的さえはっきり見えれば目標とする形状がわかってきます。「おのずとそうしたくなる」形を探せばよいのです。

先ほど例に挙げたペンは、なぜ迷うことなくペン先を紙につけたくなるのか。ペットボトルはなぜここを持ちたくなるのか。「つい、こうしたくなる」という形は生活の中にあふれています。日々少しずつアンテナを張っていると「行為のデザイン」を行うときに大きなヒントになってくれます。

アフォーダンスデザインは言葉やピクトグラムのような表記に頼らないので、よりユニバーサルなデザインになります。うまく組み込めれば、老若男女、どの言葉を使う人たちも使い方に迷いません。言葉が理解できない子どもにも有効です。日本だけでなく海外市場に向けたプロダクトを作るのであれば、アフォーダンスデザインの視点は必須です。

それでは、ノーマンとギブソンの事例を紹介しましょう。

■ 吹き消したくなるキャンドルのメタファ（ｈｏｎｏ）

私がデザインしたプロダクトの中から、いくつかアフォーダンスデザインを活用したものを紹介します。前述したように、形から行為を連想させるデザインは国や文化を越えることができます。「つい、こうしたくなる」という行為は世界共通といえるのです。

左ページの「ｈｏｎｏ」は「炎」から名づけたプロダクトです。

ケーキに立てたキャンドルを吹き消したことのある人はたくさんいらっしゃるでしょう。細いものの先端が燃えているとフーッと吹いて消したくなる、そんなふうに無意識に体が覚えている行為を取り出そうと試みました。

これは二〇〇五年のイタリア・ミラノサローネのために作った技術試作品です。

棒の先端にはゆらめく明かりがあります。本物の炎の揺らぎを数値化しアルゴリズムをコントロールしています。先に小さな穴が開いていて、そこを通過する息の周波数だけを穴の奥のセンサーマイクで感知するようにマイコンで制御しています。息を吹きかけると特定周波数の音域が一定量を超え、プログラムに沿って明かりが消えるという仕掛けです。吹きかければその強弱によって消えたり消えかかったりする、本物のキャンドルのメタフ

図33 吹き消したくなるキャンドルのメタファ（hono）

アになりました。

イタリアへは「ｈｏｎｏ」の試作品を七〇本持っていきました。

最初、私はあえて「ｈｏｎｏ」の仕掛けについて説明はしませんでした。「息を吹きかけると明かりが消えます」と教えてしまっては、このプロダクトの実験の意味がなくなってしまうからです。

美術館に来場した方々へ「ｈｏｎｏ」を渡すと、皆さん同様に先端でゆらめいている明かりに注目します。一人がそこへ息を吹きかけたときは「やった！」と思いました。その人は「ｈｏｎｏ」からキャンドルの体験を引き出してくれたからです。それこそ、このプロダクトのねらいです。

一度息を吹きかけると明かりは一〇秒ほど消えて、また点灯します。この一〇秒も「消えてしまった」と呆気にとられる数秒と、再び点灯させようと行動を起こすまでの数秒を足した平均的な数値です。点灯させたくて触ると、合わせたように再び灯るので、誰もが二度驚きます。このように人の体験に起因する行為を予測して、先回りする実験は非常に興味深いものでした。吹き消したあとに皆さんがにっこりと笑うので「スマイルメーカー」という呼び名がついたほどです。

「ｈｏｎｏ」はとても面白いと評価されて、初日の閑散とした状況とは裏腹に最終日に向けてどんどん美術館に来る人が増えました。イタリア人の間で「あそこは何か面白いことをやっているらしい」という噂が広まって、ごった返すようになったのです。ウェブでの書き込みがたくさんされたり、口コミで見に来る方もあって大盛況となりました。

のちに女の子が「ｈｏｎｏ」を吹き消す写真が雑誌の表紙になったり、「グッドデザイン賞」、「ＪＩＤＡミュージアムセレクション」、「ＲＥＤ ＤＯＴ賞」、「新日本様式」に選ばれたり、イタリアのキャンドルをモチーフとした作品展などにも出展して、さまざまな場所で話題となりました。

余談ですが、この展示会はちょうど私の会社の「メタフィス」というブランドを誕生させる時期と重なりました。そこで、オープニングセレモニーで大きなデコレーションケーキを発注し「ｈｏｎｏ」を立てて消してみよう、ということになりました。ケーキは直径一メートルのサイズです。ここに「ｈｏｎｏ」を立ててみんなで消そうとしたのですが、フッと吹いても一〇秒ほどでまた明かりがついてしまいます。一気に全部を消すのは難しく、また、消しても消してもタイミングが合わずについてしまうので、苦笑いした経験があります。

■ 箸を割るという行為はそのままに（uqu）

左ページの「uqu」は、割り箸をモチーフにしたプロダクトです。日本では、真新しい箸を割る行為が「ことを始める」けじめにつながっているとされます。また自分が使った箸が他人に使われるのを嫌って使い捨てる文化ができたともいわれます。

最近ではエコの観点から「マイ箸」を持ち歩く人が増えました。しかし、間伐材を有効利用することは、森を守ることにもつながります。割り箸といえど、完全否定できるものではありません。また、割るしぐさも日本文化では大事な行為の一つです。そこで、アレルギーを起こさず長く使えるチタンを材料に、割って使う行為を継承する「マイ箸」を作ろうと考えました。

「マイ箸」は持ち運ぶことが前提なのでケースが必要です。私は従来の箸箱にあるカチャカチャぶつかる音をバグと捉え、ケースの素材にはマグネットを入れた柔らかいシリコンを採用しました。そのケースごと「割る」ようにし、マグネットの抵抗感で割る手応えを再現しています。割った断面からはシルバーのチタン製箸が顔をのぞかせる仕掛けです。

中の箸は金属ですが、眼鏡の製造工程で使っているセージングといわれる金属の絞り加

図34 箸を割るという行為はそのままに（uqu）

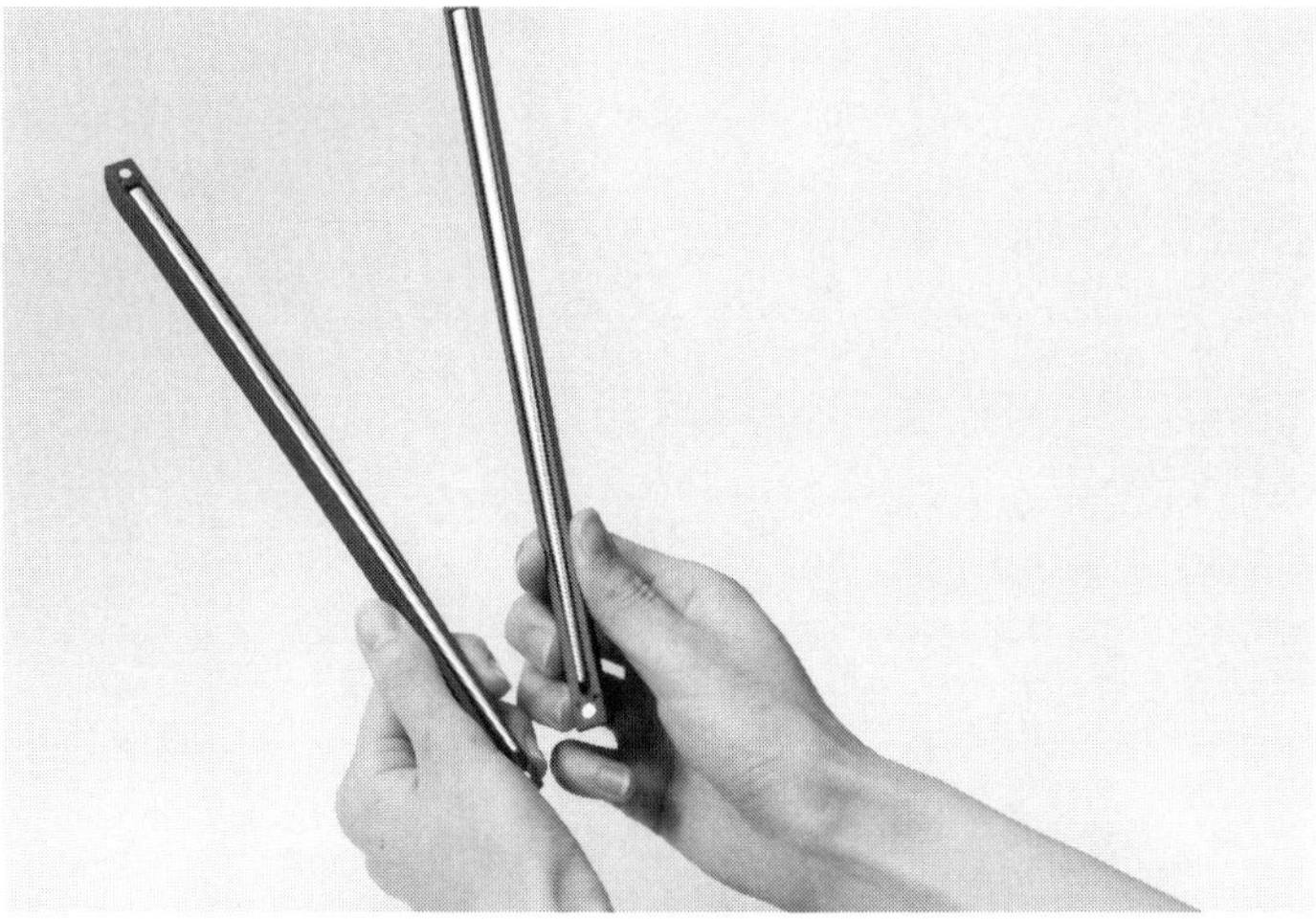

食べる前に「箸を割る」という行為を残した「マイ箸」

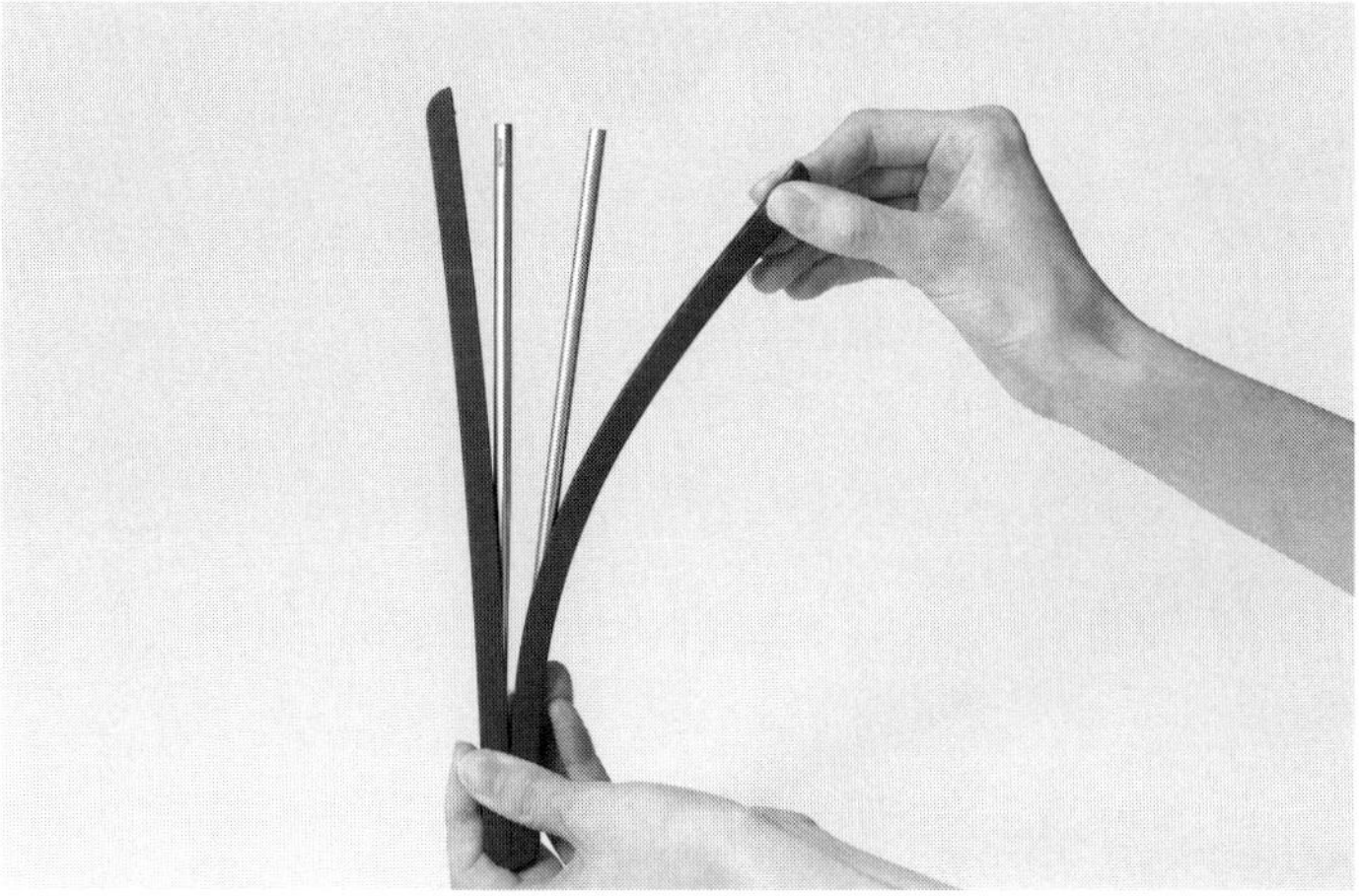

ソフトケースから中空チタン箸が現れる

工技術を生かして複数の型を使い、中空構造にしています。持ち手と重心のバランスにも配慮しました。重さは同じ長さのチタンの三分の一、ケースも軽いので世界でも最軽量級の持ち運びやすい「マイ箸」セットとなりました。

■ 丁寧に注ぎたくなる形（gekka）

私たちは容器から何かを注ぎ入れる行為を日常的に行っています。その注ぐ動作をするとき容器に添えている手を持ち替えるのは、とても「美しくない」と考えました。片手で注ぎ入れるとなるとさらに横着に見え、所作として問題があります。そこで生まれたのが「ｇｅｋｋａ」です。このプロダクトのフォルムは細長く、上部にくびれがあります。ユーザーは形に導かれて、まず上部のくびれた部分を持ちます。ここにねらいがあります。

実は「ｇｅｋｋａ」は、容器にお酒を入れると重心が下がり、くびれた部分だけを片手で傾けると重く感じるようにできています。すると人は自然ともう片方の手を下部に添えたくなり、自然とおもてなしの丁寧な所作になるのです。つまり、あえて上部にくびれをつけることで必ず両手が美しく位置するように設計されているのです。私たちは人がモノ

図35 丁寧に注ぎたくなる形(gekka)

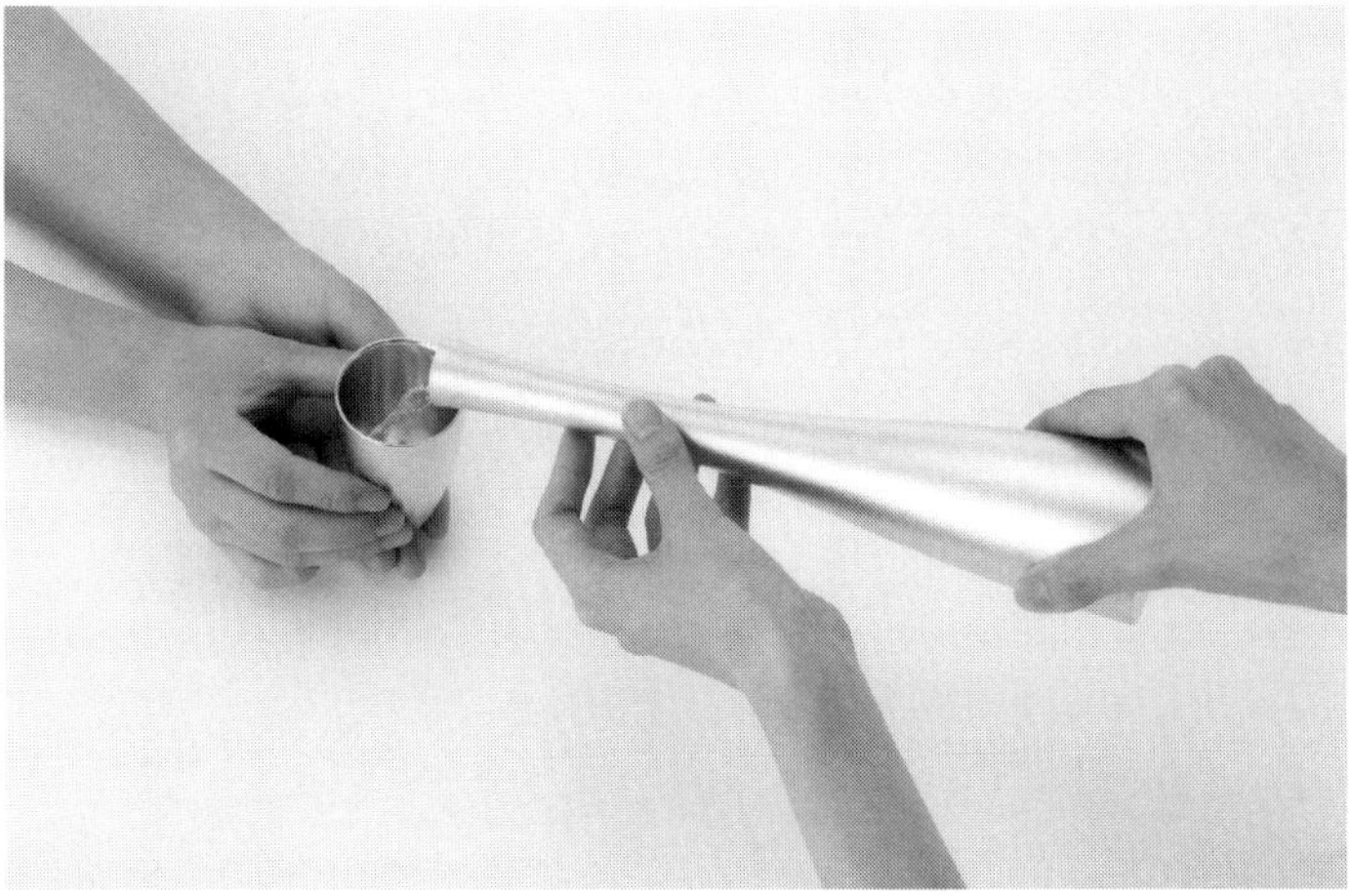

持つ箇所を限定させることで、支点が活きる。次に注ごうとするとトルクがかかるため、自然と片手を底に添え、丁寧な注ぎ方をさせられる。

を自由に扱っていると思いがちですが、ギブソン的に言えば、環境とのインタラクションによって人が限定された行為をさせられていることになります。

この「gekka」もモノがユーザーの次の行為を先回りする事例となりました。まさに環境によってあえて行為を規定するデザインだといえます。

また、素材である錫には日本酒や水の飲み口をまろやかに変える作用があると知られています。徳利には男性的な無骨なデザインが多い中、スリムで女性的な曲線を生かした柔らかい形にして、錫の金属的な冷たさを打ち消すようにしました。

■行為をさせない、逆アフォーダンス（divo）

これまでは「つい、こうしたくなる」という感覚を呼び起こすデザインを紹介しました。しかし、岡村製作所のデザインセクション、株式会社メディディア　医療デザイン研究所と取り組んだ新しい点滴スタンド「ｄｉｖｏ」は、ユーザーにある特定の行為をさせない「逆アフォーダンスデザイン」といえるプロダクトとなりました。

従来の点滴スタンドは看護師が動かしやすい設計がなされていました。それは裏を返せば患者でも動かし方がわかるということです。現場では、看護師の目が届かないところで患者が高さを変えたり、点滴の速度を速めてしまうような事例がたくさんありました。そこでこのプロダクトはあえて「行為を誘発しない」形をめざしました。

スタンドの高さを調節する箇所は単なるジョイント部分に見せ、動かせるというイメージを持たせません。しかしレクチャーを受けた看護師なら楽に調節できます。この「調節させない、しかし扱いやすい」という二面性は「逆アフォーダンス」ならではの効果です。「行為を誘発しない」新しい概念はデザイン界でも評価されましたが、さらに最近では、

図36 行為をさせない、逆アフォーダンス（divo）

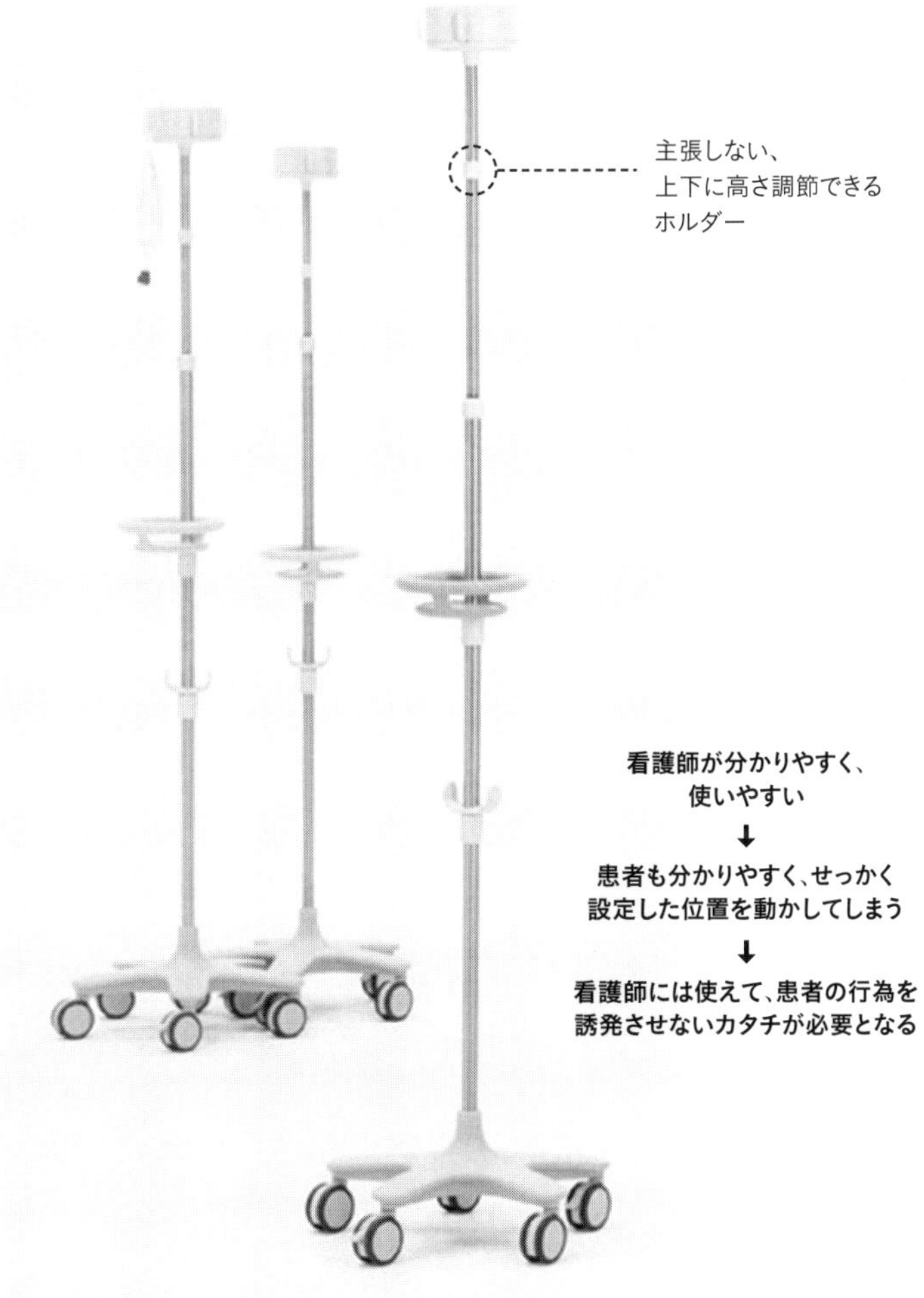
主張しない、
上下に高さ調節できる
ホルダー
看護師が分かりやすく、
使いやすい
↓
患者も分かりやすく、せっかく
設定した位置を動かしてしまう
↓
看護師には使えて、患者の行為を
誘発させないカタチが必要となる

山本金属製作所とともにMulti IntelligenceというIoT発想の知的ドリルの開発を進めています。単なる工具としてのドリルに知性を持たせたらどうなるでしょうか。切削している対象物の温度変化や硬度の情報、ドリル自体のダメージなど、起こり得るトラブルを未然に防いだり、そこから得られる情報をフィードバックすることで、道具というより、経験深い職人が手伝ってくれるという状況を創りだしています。職人の勘や技に近い行為のインタラクションを研究することで、センシングと情報化、フィードバックという信頼性の高いシステムに置き換えていけるのです。「divo」は日本やドイツ、アメリカなど国内外で7つのアワードを受賞することができました。

行為のデザイン・
ワークショップ（S・S・FB法）の開き方

第 5 章

■ 行為のデザイン・ワークショップ（S・S・FB法）の意義

これまでもくり返し書いているとおり、「デザイン」はデザイナーだけで完結するものではありません。プロダクトやサービスに接するユーザーや作り手のほか材料や加工方法、物流まで考慮しなければいけない、極めて広範囲にわたる作業です。一つのデザインを完成させるためには多くの視点から課題を見つけて解消する必要があります。それを一つの場でまとめられるのがワークショップです。

ワークショップの目的は、関わる人たちすべてが情報を共有し、生み出される形に納得することです。よって、さまざまな部門から意見をぶつけて集約するプロセスが欠かせません。経営に携わる社長や幹部、マーケター、企画デザイン、技術、営業、研究開発、生産管理、資材などのスタッフが時間を決めて一つの場所に集まり、同じテーマで議論し合うのはそのためです。多彩なメンバーの参加によって、開発プロセスをズレの原因となる従来のバトンタッチ型のフローからコミュニケーションの時間を共有する円卓型に変えます。

図37 バトンタッチ型から円卓型へ

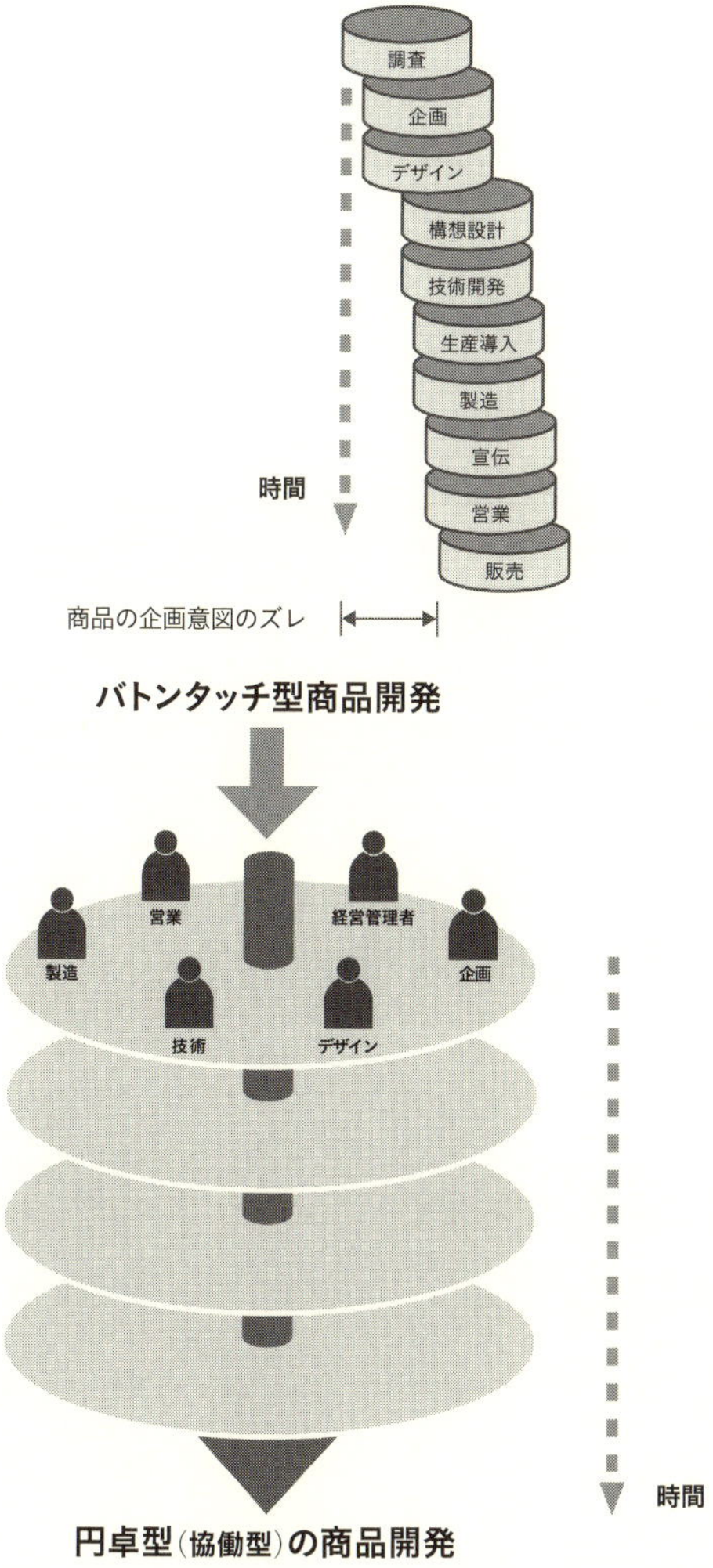
調査
企画
デザイン
構想設計
技術開発
生産導入
製造
宣伝
営業
販売
時間
商品の企画意図のズレ
バトンタッチ型商品開発
営業
経営管理者
製造
企画
技術
デザイン
時間
円卓型（協働型）の商品開発

バトンタッチ式のフローで工程がたびたび差し戻されるのは、開発のための情報共有が不足しているからです。認識のギャップによって出てくる「ここが違う」「これはできない」という反対意見を、いわば工程の最上流で汲み上げてしまうのがワークショップです。実践すれば開発早期にギャップを埋められるので、後戻りなく期間が短縮されます。

この章で紹介するのは、開発工程の効率化を後押しするワークショップ手順❶～⓭です。本書では基本的な流れと方法をお伝えします。実践する際は、おそらく企業個々の事情によって開発したいプロダクトの種類やサービスの目的などが分かれるので、ケースによってカスタマイズが必要です。

ただ、どのケースでも共通するのは事前準備の大切さです。今回の手順説明でも半分近くを事前の準備にあてています。経営や財務を含めた現状はどうなっているのか、何を目的としてワークショップを行うのか、参加者にどんな情報を共有してもらえば発想のヒントになるのかなど、事前に固めるべきことが多くあるからです。

手順は必要最低限のプロセスなので、実際のワークショップは「この説明を基盤にしてさらに現場ごとにアレンジするもの」として考えてください。しかし、書かれている一つ一つの手順を追い、準備を進めていけば実り多い時間になるはずです。

図38 ワークショップフロー図

S・S・FB法（Stakeholder Scene Flow of Behavior）の流れ

ワークショップ事前準備

1. 感性価値のヒアリング
2. 目的の設定
3. ベースシートの「ステークホルダー」設定
4. ベースシートの「シーン」設定
5. ベースシートの「行為のタイムフロー」設定

ワークショップ期間

6. バグとエフェクトの抽出
7. バグの理由を探る
8. 解決策を探る
9. 解決策に優先順位をつける
10. 解決策の図解
11. 解決策の結合とミニマライズ
12. コンセプトメイキングと発表

ワークショップ以降

13. ビジュアルデザインへの導入

■ ワークショップの概要

大まかには【使う資料を事前に整える】↓【当日、参加者で想像体験を行う】↓【意見をまとめる】までがワークショップの範囲です。その後デザイナーが「可視化」します。

まず、ワークショップを主導する担当者（事務局）を定めておきます。事前準備や役員幹部との調整は事務局が行います。

ワークショップ自体の標準的な参加人数は八〜二〇人程度がベストだと考えます。期間中は三〜五人のグループに分けて行為のバグ探し、解決策の検討をします。

日数は規模によってさまざまです。一日ワークショップを三〜六回行うこともあれば、三日間の合宿で発表まで行うスケジュールもあります。複数回行うときは二週間以内に次回を行うのがよいでしょう。前回の資料を整理して次回に生かすので、その作業時間を計算に入れたほうが円滑に進みます。

必要な備品は、ベースシート（後述）、人数が収められる会議室、ユーザーの利用シーンを書き出すカード、付箋、筆記用具、模造紙です。備品の必要数は行為を検証するシーン

図39 S・S・FB法ワークショップ事前組み立て

1.感性価値のヒアリング

- 過去〜現状の業績と、人、モノ、カネの流れは
- 現在抱える課題とは
- 直感に訴える感覚感性があるか
- 間接的情報となる背景感性はあるか
- 技術が魅力となる技術感性があるか
- ハッとするようなアイデアや創造性で魅せる創造感性はあるか
- 文化となりうる感性を発信しているか
- CSRなどの社会性のある啓発感性があるか

2.目的の設定

- ワークショップの包括的な目的は
- 具体的には何を得ることが目的か
- ワークショップ後に、どう具現化していくのか
- 具現化へのフォローアップのメンバーと体制は
- 開催予算枠は
- 誰を参加させるか
- 参加する人たちが割ける日程は
- どこで行うか

3.ベースシートの「ステークホルダー」設定

- 各自が記入していくためのベースシートを誰が用意するのか
- このワークショップで対象とするステークホルダーは
- 各自の専門領域への担当振り分けをどうするか

4.ベースシートの「シーン」設定

- 膨大なシーンの中から異なる代表的なパターンが選べるか
- そこから、解決すべきバグやメリットが見つかりそうか

5.ベースシートの「行為のタイムフロー」設定

- ステークホルダーがシーンごとに時間軸上で取る行為は
- ステークホルダー同士が、シーンの中で関わっていく状況を時間軸で追えるか
- 各自がする宿題期間と全体に集まってするワークショップの全工程は
- 発表に際しての審査講評メンバーの設定と判定基準は

数によって変わってきます。大人数になる場合は、プロジェクターによる発表を想定して下さい。結果の集計には「Ｅｘｃｅｌ」を使います。

ワークショップの手順❶　感性価値のヒアリング【事前準備】

何をワークショップの目的とするか決めるために、まず現状把握が必要です。具体的には課題となるプロダクトやサービスに関わる人・モノ・カネの流れを事務局が各セクションにヒアリングし、時系列で整理します。現状はどう生産して、何を介してユーザーに届くのか。コストはどれくらいなのか。誰が関わるのか。さまざまな状況が時間軸上に現れてくるので、ひとまずそれらを記録します。対外的に見せられない欠点もここでは出すようにします。主催者が現状を隠してしまっては根本的な解決策につながらないからです。

ここまでは、いわば数字でも見える課題の抽出です。その上で次に、数字では見えにくい感性価値の影響を考えます。前に述べた六つの感性価値の軸を見ながら、価格や機能以外の価値を含んでいないかヒアリングします。歴史やエピソードがあれば「背景感性」、技術的な特筆事項があれば「技術感性」、熱狂的なファンやＣＳＲのような社会的貢献が

図40 ワークショップ手順❶　感性価値のヒアリング

あるなら「啓発感性」も含んでいます。このような現状把握によるユーザーの声や社内での本音の評判などは、本来の価値を見極めるための良い材料です。数値的な経営データより、もっとユーザーと直結した実質的なヒントが見つかります。

ワークショップの手順❷　目的の設定【事前準備】

手順❶「感性価値のヒアリング」が終わると、このワークショップは何のために開くのか、目的がおぼろげに見えてきます。おそらく「このジャンルで競合A社に勝ちたい」「商品開発を急ぎたい」「社会貢献度を上げたい」「知名度を上げたい」など、具体的な目的が複数出てくるはずです。ここからテーマを絞り、ワークショップで話し合う議題とします。

真の目的はすぐにわからないことがあります。たとえば以前「売れる商品を作りたい」という依頼を受けてヒアリングをしたのですが、詳しく聞いてみると実は「会社のイメージを上げて優秀な人材を集めたい」というのが本当に解決したい課題でした。この場合は

図41 ワークショップ手順❷ 目的の設定

売れる商品や市場のニーズを考えるのではなく、優れた人材にアプローチする方法や精度の高い採用を行うためのワークショップを設計するべきです。

また、この段階で、経営陣が考えている問題点と現場が感じている問題点が離れていることに気づくケースがあります。大きな目標では一致しているのですが、突き詰めていくとズレが出てくるのです。事務局はすり合わせて目的を設定する必要があります。

これは別々にヒアリングをすると

明らかになることが多いので、事務局は一堂に皆を集めるのではなく、分けて本音を話しやすい環境で細かく抱えている問題点を聞いてみてください。私たちが依頼を受けたときも同じ方法をとっています。

ワークショップはそのズレを理解した上で調整し、目的を設定します。

その次にワークショップにかかる予算枠、各セクションからどんな参加者を選定するのか、参加する人たちが割ける日程はどれくらいあるのか、どこで開催するのかなど、開催当日に向けた具体的な項目を決めていきます。

ワークショップで磨いた意見をどのようにプロジェクトや製品化につなげるのか、そのためのフォローアップをどうするのかも、この段階で考えます。そのためのメンバーと体制、予算は別立てで必要になるはずです。

せっかく多くの人の貴重な時間を使って意見をすり合わせる場です。その後の具現化プランまでを定めておき、「今日の発想がプロダクトやサービスに直結する」と知らせることで、参加者のモチベーションを上げていくことも必要です。

ワークショップの手順❸　ベースシートの「ステークホルダー」設定【事前準備】

ベースシートとは、課題となるプロダクトやサービスに関わるすべての人たち（ステークホルダー）を横軸に設定し、時間軸（行為のタイムフロー）を縦に設定したシートのことを指します。この一枚のシートがさまざまなシーンごとに展開されていくので、S（ステークホルダー）・S（シーン）・FB（フローオブビヘイビア）より、S・S・FB法と呼んでいます。関わる人たちの時系列の動きを一覧でまとめられるものです。単なる一枚の紙切れにすぎませんが、ワークショップで最も重要な情報で、バグ発見の糸口につながります。

ここではまず行うのは、関わりがあるステークホルダーの抽出です。人・モノ・カネの流れを図に表すと、自社内、外注先、販売店、ユーザーなどが出てくるはずです。もしメーカーに当てはめるのであれば、具体的には開発・製造担当者、販売関係者、サービス関係者、ユーザーと設定できるでしょう。

もっと細かくすればより多くのステークホルダーの立場で考察することができますが、関係者の数が増えるとワークショップでの工数が増えるというデメリットも発生します。うまく範囲を絞るために各セクションに空欄のベースシートを渡して、自己の専門領域でのステークホルダーを想像してもらうのも一つの手です。事務局はとりまとめて優先順位が高いステークホルダーを決め、ワークショップ当日に議論するように調整します。

ステークホルダーを連想しづらいときは、以下の職種や関係者を参考にしてください。思いのほか多くの人々が課題であるプロダクトやサービスに関わっています。「行為のデザイン」のワークショップではその人たちの行為を検証していきます。

● 開発・製造関係者

マーケティング担当／企画担当／デザイン担当／設計・開発担当／試作・量産試作担当／調達先／外注加工先／生産調整・生産担当／梱包・出荷担当

● 販売関係者

WEB担当／DM・顧客担当／メディア担当
直営店・ショールーム担当／WEB直販担当／ショップ卸担当／二次卸担当
フランチャイズ担当／書籍通販担当

図42 ワークショップ手順❸　ベースシートの「ステークホルダー」設定

● **ユーザー**

選定者／購入者／使用者

● **サービス**

クレーム窓口担当／メンテナンス担当　など

ワークショップの手順❹　ベースシートの「シーン」設定【事前準備】

手順❸で選定した「ステークホルダー」について、どんな「シーン」で想像体験を行うべきかを考えます。たとえばベビーカーが課題プロダクトの場合、押して駅に行き、改札を抜け、ホームから電車に乗る一連の行為にはたくさんのバグがありそうです。プロダクトを開発・改善するシーン設定としても有効です。売り手にとっては梱包から出して陳列する行為にもいろいろな課題がありそうです。これもシーン設定が必要かもしれません。

手順❸と同じように各セクションの人たちに事前に依頼して、解決に向かって問題をイメージしやすいシーン、優先度が高そうなシーンを複数挙げてもらい、事務局で協議する

図43 ワークショップ手順❹ ベースシートの「シーン」設定

のがもっとも効率がよい方法です。そこから、解決すべきバグやマークしたいメリットが見つかりそうか、そこが重要な選択基準となります。この時、シーンを網羅していきたい気持ちから、掛け算によって膨大なマトリックスが生まれてしまい、作業負担がとんでもなく増えてしまうことも起こってしまいます。ですので、事務局には、場面の設定を効率的に絞り込む智恵が求められます。すべてを網羅することよりも、多くの人が同じようにとる代表的な行動パターンを網羅することを念頭に置きます。ここで、いくつかの具体的なシーン設定が選定されたら、次に各担当者は、シーンごとの「行為のタイムフロー」を作成することになります。

ワークショップの手順❺　ベースシートの「行為のタイムフロー」設定【事前準備】

ベースシートの作成材料として、手順❸と手順❹で選定された「ステークホルダー」と「シーン」がすでにあります。ここでは各ステークホルダーが時間軸上でどんな行為をしているのか、洗い出す作業を行います。見つけた行為はベースシートに書き出し、ここでベースシート（S・S・FB）ができあがります。

ベビーカーを例にすると、母親と出産を控えた娘がショップを訪ねて店員とやり取りをするシーンを想定したなら、三者三様の行為が発生します。ここでは非常に細かく行為を抽出していくのが大切です。たとえば母親目線であれば、ショップに入ってベビーカーの売場を探す、展示されているベビーカーに注目して値札を見る、という行為が必ずあるはずです。その行為一つ一つを順番に、時系列に沿ってベースシートに記すのです。

行為の中で発生しうるバグを考えるのがワークショップの目的なので、行為は実態に即して詳しく抜き出したほうが問題を見つけやすくなります。

このシーンを娘の行為から想像すれば、持ち手を握って重さを確かめたり、取り回しのしやすさや荷物の収納場所を確認したくなるでしょう。店員の行為から考えれば、在庫を取り出す、伝票へ書き入れるなどの動きが発生しているはずです。

事務局がすべてのステークホルダーの実情を知っているわけではないので、ここでもやはり各セクションのステークホルダーに詳しい人の協力を仰ぎ、時間軸を埋めていく必要があります。効率的なのは「ステークホルダー」「シーン」だけを書いたベースシートを各セクションに配布し、提出期限を決めて回収する方法です。

図44 ワークショップ手順❺ ベースシートの「行為のタイムフロー」設定

ベースシートがそろったら、事務局で事前にカードに直します。第1章で見たような「人」「手段」「目的」を一枚にまとめたカードです。ベースシートにある一覧から優先順位が高いシーンを抜き出し、手段を空欄にしたカードにします。

ベビーカーの例なら「人」が年配の母親、「手段」が空欄、「目的」はベビーカーを買う、というカードができます。店員目線なら「人」が店員、「手段」が空欄、「目的」がベビーカーを売る、という別カードになります。このカードの枚数だけ想像体験が行われます。

カードができたら、ワークショップの参加者選定、チーム分け、日程告知を行います。もしメンバーの性格や傾向がわかるのであれば、意見をまとめるチームリーダーを誰にするのかも決めておくと当日の進行がスムーズです。

ワークショップの手順❻　バグとエフェクトの抽出【ワークショップ期間】

事前準備が終わり、いよいよワークショップを開催します。初日では、手順❶の「感性価値のヒアリング」から手順❷「目的の設定」までの情報を参加者にもれなく開示します。

私はこの解説にかなり時間を割いても構わないと考えます。なぜなら、解説を中途半端にしてしまうとワークショップの開催意義や現在のありのままの状況が共有されないままになり、的を外したワークショップになる可能性が高いからです。

何を解決するために集まったのか共有したあとで、手順❸「ステークホルダー」、手順❹「シーン」、手順❺「行為のタイムフロー」で作成したベースシートの内容を説明してワークショップに進んでいきます。

集めたメンバーを三〜五人の班に分けてカードを割り振ります。本来なら参加者全員が全カードを検証するべきですが、時間は限られているので、ターゲットごと・上中下流ごとなどで班分けをして分業化を図ります。

カードを見ながら行うのは、バグとエフェクトの抽出です。

すでに出ている「ステークホルダー」「シーン」「行為のタイムフロー」という情報があれば、どこで何をしている人物か、どんな行為かは想像できるでしょう。ワークショップでは、その行為の中で何がバグかを見つけ出すのです。言い換えれば「どんな事柄が人の行為の流れを止めているか」を丹念に探すのです。

図45 ワークショップ手順❻ バグとエフェクトの抽出

もしも自分が
妊婦だったら…
もしも自分が
高齢者だったら…
もしも自分が
暗闇にいたら…
もしも突然の
大雨になったら…

先ほどのベビーカーの例でいえば、年配の母親がベビーカーの売場に来たとき、POPの表示が小さければとても見にくいと感じます。横文字や長いカタカナ商品名であれば、覚えにくい上に言いづらく、その小さな理由から他社のベビーカーを選ぶかもしれません。

娘の立場から見れば、スタイリッシュなデザインだけれど荷物を入れる場所がないと思うかもしれないし、狭いショップの中で、小回りができないことに気づくかもしれません。

店員の立場から見れば、段ボールから取り出すときに引っかかる部分が邪魔だと感じるかもしれないし、そもそもセールスポイントがわかりにくいと思うかもしれません。

そんな「バグ」を一つ一つ想像し、書き出して共有します。前にも述べた、誰かになり切る想像体験はこのときに役立つのです。


リズミカルな進行にしたいときは、時間を区切って考える方法もあります。たとえばある一カードについて考える時間は三分と決めてしまうのです。カードを見せて三分考えて書き出す、また次のカードを見せて三分書き出す、をくり返します。実際に企業で行ったときは、三分ごとに「女子高生になる」「おじさんになる」「お母さんになる」と目まぐるしく立場や目的が変わったので、参加者は非常に頭を使いました。しかし集中して考えるといろんな発想が短時間で生まれ、結果的にとてもよいアイデアが集まりました。

ワークショップの班を作るときは、普段接しない人同士で組み合わせると効果的です。会話が生まれ、セクション間の相互理解も深まるメリットがあるからです。

「バグ」だけでなく「エフェクト」を見つけるにもカードを使います。このときは逆に、行為を行っているときに「ここは他社と違って使いやすい」「楽しさがある」「気持ちいいと感じる」というポイントを列挙していくのです。

大人数で考えると意外な「エフェクト」が票を集めているときがあります。それは気づいていなかったプロダクトやサービスの大切な強みです。もちろん開発にも生かせる点です。

手順❻を行ったあとは、一枚のカードについて山のようなバグとエフェクトが出てくるはずです。このあとはその理由を考えていきます。

ワークショップの手順❼　バグの理由を探る【ワークショップ期間】

手順❻でバグが見つかりました。しかし、すぐに解決策を見つけるのは難しいのでもう一ステップ挟みます。バグの理由を探るのです。

カード一枚につき模造紙一枚を用意し、出てきたバグを付箋に書いて貼り、一覧できるようにします。みんなで確認したあと「なぜその問題が起こるのか」を個々のバグについて考えてみてください。これもふせんにして貼ります。理由は「メンテナンスが大変だから」「予算がないから」「面倒だから」などさまざまです。実はここにヒントがあります。

図46 ワークショップ手順❼ バグの理由を探る

問題Aが起こる理由は？
メンテナンスが
大変だから
予算がないから
邪魔だから
面倒だから

たとえば「なぜ面倒になったのか」を考えて「操作ステップが多すぎるから面倒」という理由が見つかったとします。ならば「ステップを減らせばいい」という案につながり、あとは技術的にどう実現するかを考えるだけです。理由をつぶせば即解決策になるのです。

また、理由の見つけ方は参加者それぞれで違います。自分では一つの理由しか思い浮かばなかったとしても、違う理由を聞くと新しい視野が開けるでしょう。刺激を受けて新しい発想が浮かぶこともあります。異職種同士で新しい見方を分け合えるこのプロセスは、ワークショップの醍醐味の一つです。

ワークショップの手順❽　解決策を探る【ワークショップ期間】

手順❼のあと数日置き、解決策を見つけることを宿題にしてもよいでしょう。その間に事務局は模造紙に貼られたふせん（バグ・理由）を「Excel」データにまとめ、一覧を参照しやすい形にしておくと後々便利です。バグとその理由は何種類か言葉を変えて出てきますが、同じような内容のときはクラスター化して並べていきます。

宿題ではない場合は、後日ワークショップ会場で参加者はバグとその理由をまとめた模造紙を見ながら解決策を考えます。アイデアはふせんに書き、前回と同じように模造紙に並べて貼っていきます。中には「これは無理だろう」「解決になっていないのでは」と思うものがあるかもしれません。しかし最初はそれも含めてすべて貼っていくのが基本です。

この時間は比較的全員が自由に動けるようにしてください。一斉に机に向かって考えるより、思いついたらふせんを貼りに行けて、他人の意見を見ながら「すごいな」「面白いね」「これはどうだろう」と気軽に感想が言える雰囲気が理想です。

考えながら他人と意見をやり取りするプロセスは、手順❾以降で具体的な解決策を選ぶ

図47 ワークショップ手順❽　解決策を探る

ために必要になってきます。

ワークショップ手順❾　解決策に優先順位をつける【ワークショップ期間】

模造紙には手順❻で見つけたバグ、手順❼で考えたバグの理由、手順❽で考えた解決策がびっしり貼られた状態になります。手順❾はそこから取捨選択を行います。

優先順位は四つに分けて考えます。1は「すぐ取りかかるべき案」、2は「悪くない、できればやっておきたい案」、3は「時間がかかるが研究し将来につなげたい案」、4は「今回はやめておく案」という基準です。まず自己申告で解

図48 ワークショップ手順❾ 解決策に優先順位をつける

これは、
重要ソリューション?
それは研究に時間がかかり
そうだから、プライオリティ2

決策の付箋を四段階のどれかに分けて貼ってもらいます。是非とも採用してほしい案は1、自信がない案は4に貼られるでしょう。貼り終わったところで、その判断が正しいのかを吟味します。班ごとにリーダーを決めて模造紙を分けて議論してもいいですし、時間と場所が許せば全員で一枚について考えるのもいいでしょう。判断の基本は、手順❶の「感性価値」をうまく生かせているかどうか、手順❷で決めた目的に沿っているかどうか、そして実現性の有無です。そのほか留意すべき点があれば、手順❾の前に事務局から参加者に知らせておくとスムーズです。

4が1になることもあれば、その逆も起こり得ます。このとき議論することで採用されなかった人も納得がいき、選択された解決策が参加者に受け入れられるのです。

ワークショップ手順⓾ 解決策の図解【ワークショップ期間】

この一連の手順すべてを一回で終わらせるのは無理なので、最低でも三回のワークショップは必要だと考えています。手順❽、❾は特に時間がかかります。終わったら再び数日置き、その間に担当者が結果を「Excel」にまとめ直してもよいでしょう。

続く手順⓾は優先順位の高い解決策について図解します。図解といっても難しいものではなく、手描きのラフスケッチ程度のもので十分です。たとえば「こんな新しいロボットを作る」と言葉で聞くより、フィンガースケッチ（サッと手描きしたもの）などビジュアルがあればすぐに伝わります。この「文字情報のアイコン化」のプロセスがあると、参加者同士で「こういうことか」とイメージを共有する手がかりとなります。

描いてみんなで見ている間にも「こうしたらいいのでは」という新しいアイデアが生ま

図49 ワークショップ手順⑩ 解決策の図解

れます。その場でラフスケッチを描き直していくと、参加者に一定のイメージが固まってくるはずです。それは解決策を具現化していて、なおかつ感性価値や目的のオリジナリティを保っています。そして最も大切なのは多くのセクションから来ている参加者が納得している結果だということです。円卓型の開発が後戻りしない理由がここにあります。

ワークショップの手順⑪ 解決策の結合とミニマライズ【ワークショップ期間】

ここで手順⑩で描かれたラフスケ

図50 ワークショップ手順⓫ 解決策の結合とミニマライズ

このソリューションも
入れ込めますか?
あまりどのソリューションも採用すると、
メインコンセプトがぼけるかもしれないよ

ッチを統合し、一枚にまとめます。

手順❾では解決策の優先順位を決めたのですが、再度検討して本当に優先するべきことなのかを考えます。なぜなら言葉や概念で「率先してやるべき」と思われていたことでも、ビジュアル化したときに矛盾が生じたり、実現性のハードルが高かったり、他のアイデアとバッティングしているケースがあるからです。

優先度1にしたものをすべて反映させなければいけないわけではありません。また、すべてを採用するより「本当に必要なこと」だけを選び抜いてデザインしたほうが、「本当に必要なこと」を訴える力が強くなります。この段階でもう一度メインのコンセプトや目的と照らし合わせて、伝えたいことを残す「正しい引き算」をしてください。

メーカーが「この機能がほしい」というユーザーの要望をすべて満たしても売れず、逆に、シンプルな機能に絞ったプロダクトが売れる傾向にあります。これは、モノ売りから一歩進んだ、ユーザーの暮らしを変えるコトの提案に魅力が生まれているからです。だからここでは、個々のニーズよりも統一感のある哲学が盛り込まれているかを判断してほしいのです。

ワークショップの手順⓬　コンセプトメイキングと発表【ワークショップ期間】

この段階まで来ると、手描きのさまざまなスケッチを収斂させた、一つのビジュアルが示されています。これを発表用に整えるのが手順⓬です。

まずそのプロダクトやサービスが訴求する最大のメッセージは何かを明確にします。そして、そのコンセプトにわかりやすいメインコピーと補足するサブコピーをつけて、統一化したビジュアルが何を表しているのか、言葉でさらに強化していきます。

図51 ワークショップ手順⓬ コンセプトメイキングと発表

まず A 班としては、
日本人独特の習慣に着目しました。

この作業は、手順❶の「感性価値」の中でどの軸を生かして訴求ポイントとしたのか再定義することでもあります。スケッチや文章を編集したものはプロジェクターで投影してグループごとのプレゼンテーションを行います。

発表は全員が立ち会い、班の代表者がメインコピーとサブコピー、感性価値のポイント、バグとその解決策、デザイン意図、ビジュアルイメージを解説します。おそらくそれは立ち会った参加者全員が納得できる結果になっています。そして発表は未知の内容を知るために聞くのではなく、ワークショップで行ってきたことを全員で振り返り、これから進めていく開発プロジェクトの内容を改めて確認するために聞くのです。

発表が終わる頃には参加者同士で考え方が共有され、開発するプロダクトやサービスについて統一された見解と解決策ができあがります。

その効果でワークショップ後の後工程ではトラブルが起こりにくくなり、開発スピードが上がるのです。行為のワークショップは、アイデアを生み出すだけでない、相互理解の上に成り立つスムーズな開発プロセスでもあるのです。

ワークショップの手順⓭　ビジュアルデザインへの導入【ワークショップ以降】

手順⓬での成果をもとに、後日デザイナーがビジュアルデザインを行います。

これまで行ってきた手順❶から⓬までのワークは「広義のデザイン」の中では「プレデザイン」と呼ばれています。この先の、造形するプロセスは「狭義のデザイン」であり、可視化作業（ビジュアルデザインワーク）とも呼ばれています。

ワークショップについて知ると、「プレデザイン」も「狭義のデザイン」も欠かせない両輪だということがわかっていただけたと思います。

手順⓬までの綿密な「プレデザイン」のプロセスがあって、ここで初めてネーミング、ロゴマーク、プロダクトの材料や技術的な見通し、製品デザイン、加工プロセス、製造コスト、流通形態、店頭パッケージなどが定まります。また、どこで誰にいくらで売るプロダクトやサービスなのかという目的とコンセプトが定まってこそ、マーケットを意識した具体的なビジュアルデザインワークに入っていけます。言い換えれば、ワークショップを含めた「プレデザイン」がなければ精度の高い可視化や造形は不可能なのです。

ワークショップに参加したデザイナーであれば、この形に何を込めるのか、外してはいけないポイントは何かを熟知しています。それらの条件をパズルのようにクリアして一つのプロダクトにするのが、クリエイターとしてのデザイナーの仕事です。ワークショップで出された皆さんのアイデアを一つの形に具現化させるのが、プロとしての仕事になるのです。

私がデザインの依頼を受けたときは、必ずこのワークショップの開催を勧めています。デザインワークのプロセスに必要な情報が入るだけでなく、社内のコミュニケーションが

図52 ワークショップ手順⓭ ビジュアルデザインへの導入

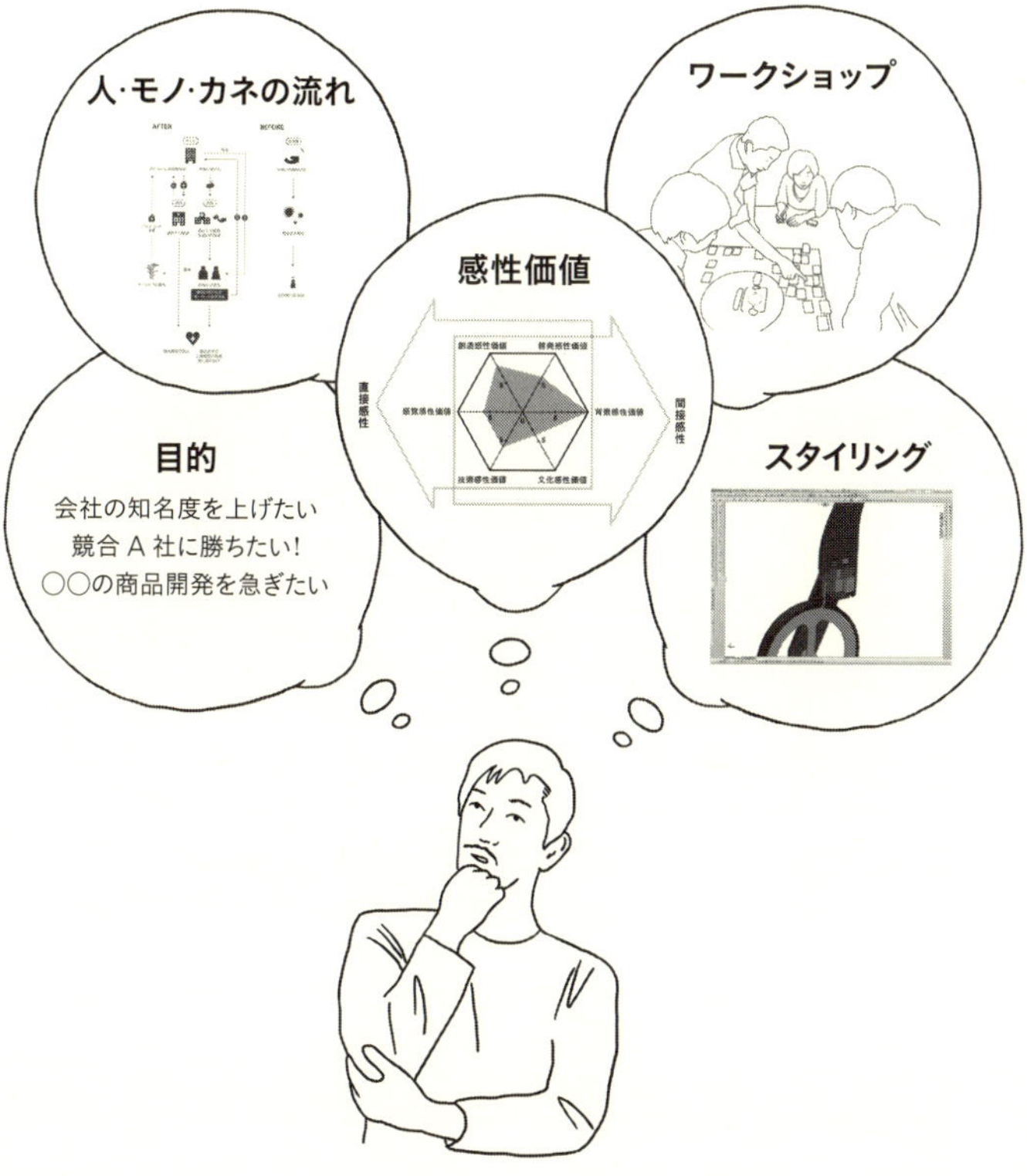

同時に取れる理想的な開発手法だからです。依頼元にすでにデザインセクションがあったとしても、また質の違う意思統一ができ、今までにない違った成果を得られます。

ここまでお読みいただいた方は、作り手の背景やステークホルダーの行為を考慮せずにデザインすることがいかに危険かを理解いただけたのではないでしょうか。どんなプロダクトやサービスでもステークホルダーを無視したものは受け入れられません。後戻りをしない組織や仕組みを構築するためにも、「行為のデザイン」を意識し、S・S・FB法ワークショップによるプレデザインを活用してほしいと思います。

■ワークショップに入れたい「外部の目」

行為のデザインにおけるワークショップは「目的設定↓課題抽出↓参加者を集めた議論↓結論のまとめ」という流れです。自社の担当者でも一連のプロセスを手配できますが、精度を上げるために「外部の目」を取り入れる方法も検討してみてください。

自社担当者の強みは自社のプロダクトやサービスに精通していることです、しかし内部を知りすぎているぶん、目的設定や課題抽出のときに「思い込み」や「当たり前すぎて気がつかないもの」が存在して、かえってネックになることがあります。ここで「外部の目」、すなわち顧問コンサルタントや私たちのようなクリエイターの視点を取り入れると、今までになかった切り口が見つかって思考の化学反応がより進みます。

また、外部の人間だからこそ、内部からは踏み込めない域までワークショップに巻き込むことが可能です。

以前、ある企業がプロジェクトを立ち上げたとき、現場としては現状を変えたい意欲が強いものの経営陣がイエスと言わないため、頓挫しそうなケースがありました。これを内部から突き崩すのは難しいでしょう。しかし、私たち外部のクリエイターが間に入り、「プロジェクトにはこんな課題がある」「改革を検討する価値がある」と幹部に提案し、実証するワークショップを行って、改革案をうまく幹部に納得してもらった実績があります。外部の人間だからこそ内部対立の緩衝材になることができ、結果的に問題の本質へ斬り込めたのです。

そのほか運営に関するこまごました準備や人の手配、ワークショップ後のデータ整理など、時間と手間がかかる事務処理まで任せられるメリットもあります。

もし外部へ委託する場合は、前述の手順で【事前準備】としている手順❶～❺について、担当者、幹部、外部スタッフを交えて詳しく打ち合わせてください。これまでのケースでは「課題ヒアリング」「切り口の提案」「人選のアドバイス」などを含めて複数回行われるのが基本です。私たちの手法ではさらに【ワークショップ期間】の手順❻〜⓬で各班内に外部（私たち）から進行役を一人入れ、議論の迷走を避けています。どれも参加者の提案をうまくデザインに反映させるための工夫です。

これまでの経験を見ても「外部の目」を導入すると画期的なプロダクトやサービスが生まれやすく、非常に効果的なアプローチだと感じています。

おわりに

私はプロダクトデザイナーの仕事をするのと同時に、大学でデザインを教えたり、講演に呼んでいただいて話をしたりすることがあります。

そのときよく聞くのは「デザインについて、こんなにわかりやすい説明は聞いたことがなかった」「もっと難しいと思っていたのに、デザインがこんなに身近だとは知らなかった」という声でした。デザインは専門家だけが行えるもので、自分たちには関係がない、関わることができないと考えている人が多く、「そうではないですよ」とお伝えすると驚かれて印象に残るようなのです。

企業の開発プロジェクトでも同じです。

この本で述べたように「行為のデザイン」はいわゆるデザイナーだけの作業ではなく、プロダクトやサービスに関わる人すべてが思考し、発想して、新しい形を見つけていく手法です。しかし、打ち合わせなどで担当者と話を詰めていくと「そんな方法でデザインが進められるのか」という驚きがあり、なぜ可能なのかを説明するところから始まります。

どうしてもデザインはブラックボックスの中にある未知の存在と考えられがちです。でもそれは誤解であって、実は想像力と手法を駆使すれば誰でも参加できる豊かな創造活動なのです。

この本はデザインに対しての誤解を解きたいと思い、「行為のデザイン」を軸に解説を試みました。商品開発や、地域創生に携わるすべての分野の人たちが柔軟な発想ができるよう、私が企業や講演でお話ししてきたことをなるべく体系的に伝えられるよう、そして現場で再現できるように順を追って書いています。

プロダクトやサービスにとっての一番の幸福は、長く便利に使ってもらうことです。しかし今までの日本のものづくりは技術先行型でした。新しい技術を思いついて、その技術を応用するためにプロダクトを考えるという順番です。

私は以前、メーカーに所属してデザインを行っていましたが、当時はまさに技術先行のものづくりばかりで大量生産・大量消費が当たり前、作ったものがどんどん捨てられていく虚しさを感じました。

その反動で「どうすれば長く使ってもらえるのか」「カタチを決めるのは、ユーザーを含む環境ではないのか」を追求してきたのかもしれません。今回紹介した「行為のデザイン」は長く愛されるものづくりという側面から見ても一つの回答となっています。長い目で物事のサイクルを見直す「サステイナブル（持続可能）な社会づくり」は、すでに始まっています。サステイナブルをテーマに社会貢献を考えている企業にとっても、この「行為のデザイン」という手法は一助となるでしょう。

最後になりましたが、本を作るにあたってお世話になりましたＣＣＣメディアハウスの吉野江里さん、企画からバックアップしてくださったアップルシード・エージェンシーの栂井理恵さん、ブックライターの丘村奈央子さんには深く感謝いたします。

この本によって一人でも多くの方が新しい発想と出会い、文化的デザインを生み出す後押しとなれば幸いです。

二〇一五年八月　村田　智明

村田智明

Chiaki Murata

株式会社ハーズ実験デザイン研究所／METAPHYS代表取締役

大阪公立大学

研究推進機構21世紀科学研究センター　イノベーション教育研究所　客員教授

九州大学　非常勤講師

日本デザインコンサルタント協会　理事

NPO法人エコデザインネットワーク　理事

日本インダストリアルデザイン協会　ビジョンコミッティ

総務省地域人材ネット　登録アドバイザー

国土緑化推進機構　委員

NPO法人資源リサイクルシステムセンターアドバイザー

日本デザインプロデューサーズユニオン　会員

大阪市立大学工学部応用物理学科卒。1986年同社設立。デザイン思考から企画開発をサポートするデザインシンクタンクとして知られ、提唱するS.S.F.B法や感性価値ヘキサゴングラフなどが広く活用されている。プロダクトを中心に、Gマーク金賞、DFAグランプリ、RED DOT BEST OF BEST、iF DESIGN AWARD GOLD、DIA SilverAwardなど国内外のデザインアワードで180以上を受賞。Microsoft「Xbox360」を始めとする世界記録を達成したデザインで、Newsweekの「世界が注目する日本の中小企業100社」に選定される。自ら運営するMETAPHYSは、「行為のデザイン」に基づいて開発から販売までを実践。また、感性価値創造ミュージアムや東京都美術館新伝統工芸プロデュース事業、越前のiiza、鳥取のなんぶ里山デザイン大学、新潟の百年物語やデザインラボ、奈良県産材のTEUDなど、地域振興にも多く携わる傍ら、eco products design competition 2007 ～ 2010、social design conference 2011～2015の開催を通じて、社会性を持ったデザインの啓蒙に尽力している。著書『ソーシャルデザインの教科書』、『問題解決に効く行為のデザイン思考法』、『感性ポテンシャル思考法』、『「バグトリデザイン」事例に学ぶ「行為のデザイン」思考』。

www.hers.co.jp　www.metaphys.jp

編集協力 — 丘村奈央子

イラスト作成 — 宮澤 槙、柳瀬理恵子（ハーズ実験デザイン研究所）

著者エージェント — アップルシード・エージェンシー

校正 — 円水社

問題《もんだい》解決《かいけつ》に効《き》く
「行為《こうい》のデザイン」思考法《しこうほう》

2015年9月28日　初　版
2022年3月22日　初版第7刷

著者 — 村田智明

発行者 — 菅沼博道

発行所 — 株式会社CCCメディアハウス
〒141-8205
東京都品川区上大崎3丁目1番1号
電話　03-5436-5721（販売）
　　　03-5436-5735（編集）
http://books.cccmh.co.jp

装幀 — 松田行正＋日向麻梨子

印刷・製本 — 株式会社新藤慶昌堂

ISBN978-4-484-15221-9